घोंसले के बाहर,

किसी डाल पर बैठा

एक बेघर परिंदा,

अक्सर चिल्लाता था..

"भिड़ने को रहना

हर पल तैयार,

घोंसले नहीं बचाएंगे

तुम्हें चुनौतियों से"

वो परिंदा पागल नहीं था,

यह समझ आया

घोंसला टूटने के बाद..

संदीप द्विवेदी

क्लास by बड़े भाई

क्लास by बड़े भाई

शायद यह किताब आपको वहाँ-वहाँ थामे..
जहाँ आप लड़खड़ाओ, जहाँ कहीं आप भटको,
जहाँ कहीं आप हिम्मत हारो।

संदीप द्विवेदी

| मेरे सभी छोटे भाईयों के लिए दिल से |

पाठकों से

मेरे दादा जी शिक्षक थे, संस्कृत विषय पढ़ाते थे। मेरा सौभाग्य कि मैं उस पीढ़ी में रहा, जब दादा-दादी के पास उनके नाती पोते रह पाते थे। मैंने लंबा समय बिताया अपने दादा जी के साथ।

बताना यह था कि बचपन में, मैं और मेरी छोटी बहन साधना और भाई शिवम, जब भी हम झगड़ते तो दादा जी मुझको ही पकड़ते और समझाते हुए कहते कि "दीपू, तुम *बड़े भाई* हो, तुम्हें *बड़े भाई* जैसे रहना चाहिए, तुम्हें तो सिखाना चाहिए लेकिन तुम हो कि ख़ुद ऐसी हरकतें कर रहे हो, '*बड़े भाई*' वाली गंभीरता रखो। दोनों छोटे हैं तुमसे।"

मुझे सामने बिठाकर मेरे दादा जी '*बड़े भाई*' शब्द का इतना महिमामंडन कर देते कि यह '*बड़े भाई*' शब्द मुझे कुछ समय में कोई बड़ा भारी भरकम पद जैसा लगने लगा, मैं अपनी कल्पनाओं में स्वयं को '*बड़े भाई*' उकेरा हुआ स्वर्ण मुकुट पहने किसी राजगद्दी में बैठा हुआ देखने लगता। ह ह ह

आज सालों बाद जब मुझे ऐसी किताब लिखने का विचार आया जिसमें मैं अपने छोटों से, अपने अनुभव और बड़ों से जो भी सीखा समझा है.. वो उनके बेहतर भविष्य के लिए उनसे साझा करूँ तो यह करने का विचार आते ही मेरे मन में मेरे दादा जी वाले '*बड़े भाई*' का चरित्र उभर आया और फिर पूरी किताब मैंने उसी छवि में रहकर लिखी, बस यहीं से इस किताब का नाम हुआ '*क्लास by '*बड़े भाई*'।

प्रयास किया है कि आपका ज़िम्मेदार *बड़ा भाई* बन सकूँ। चलिए, आगे चलते हैं।

मेरा धन्यवाद

मैं जब भी कोई नया प्रयास करता हूँ उसे अपनी ओर से पूरा करने के बाद उसे कई पारखी नज़रों से से भी गुज़ारता हूँ जो संबंधित विषय की बढ़िया समझ रखते हैं। इसमें भी मैंने ऐसा ही किया है, इस किताब में कई लोगों ने अपना अमूल्य समय साझा किया है।

मेरा सप्रणाम धन्यवाद मेरे शिक्षक रहे श्री जे एस चौहान सर को और डॉ विजय सुखवानी सर को, जिनसे बीच बीच में विषय पर चर्चा करता रहा और मार्गदर्शन लेता रहा।

मेरा सप्रणाम धन्यवाद मेरे बड़े भाई जैसे पीयूष उपाध्याय सारंग जी को, मैं अक्सर चुनौती भरे समय में इन्हें याद करता हूँ। किताब में भी उनका स्नेह रहा।

मेरा धन्यवाद मेरे सभी प्रिय छोटे भाईयों हरिओम गर्ग, अंबिकेश द्विवेदी, अश्विनी चौबे जी, बसंत जी, अभिनव गौतम, नितिन द्विवेदी को, जिन्होंने बुक को पाठक बनकर पढ़ा और अपनी अपेक्षाएं साझा की, कवर पेज पर चर्चा की।

मेरा धन्यवाद नारीशक्ति ज्योति झा जी, रुचि बड़ौने जी, सुमन रतनू जी, संध्या शुक्ला जी एवं शब्दों और वाक्यों की शुद्धता पर पैनी निगाह के लिए विशेष धन्यवाद विनीता जी एवं लेखिका चित्रा विशाल श्रीवास्तव जी को।

मैं आप सभी के प्रति और कहीं भूलवश यदि कोई नाम चूक गया हो, उन सभी के लिए अपनी कृतज्ञता व्यक्त करता हूँ। आप सबकी सलाह और सहयोग के बिना किताब की सुंदरता और सार्थकता अधूरी रह जाती।

अनुक्रम

सौभाग्य मानिए

छोटे भाई, आप कभी झुग्गी बस्तियों में गए हैं ? गए नहीं होंगे तो कभी न कभी उसके सामने से गुज़रना तो हुआ ही होगा। देखा ही होगा वहाँ के बच्चों को। जब उनके हाथ में किताबें होनी चाहिए, उनके हाथ सब्जी और पानीपुरी के ठेले होते हैं। जब आप स्कूल की टेबल पर बैठकर आराम से पढ़ रहे होते हैं, तब आपके ही उम्र का कोई कहीं फुटपाथ पर पेन के पैकेट, बस और रेलवे स्टेशनों में कंधे पर लादे चिप्स के पैकेट या पानी के बोतल बेच रहा होता हैं, चौराहों के सिग्नल पर रुकी गाड़ियों का सीसा साफ कर रहा होता है।

क्या उनके यह हालात उनकी किसी ग़लती के कारण हैं? क्या वो पढ़ नहीं सकते? क्या वो सीख नहीं सकते? वो भी सब कर सकते हैं लेकिन आपमें और उसमें बस एक छोटा सा अंतर है। आप के पास इतना है कि आपको रहने खाने के लिए यह सब करने की ज़रूरत नहीं। आपके पास पढ़ने लिखने को समय और सुविधाएँ है, ऊँचे सपने पूरा करने को बहुत कुछ है लेकिन उनके हिस्से ऐसा कुछ नहीं। उनका तो सारा दिन बस इस कोशिश में जाता है कि वो रात को भूखा न सोए।

मैं ये लिखते हुए भीतर से अच्छा नहीं महसूस कर रहा हूँ लेकिन आपको अहसास कराना चाहता हूँ कि आप कितने भाग्यशाली हो..
सौभाग्य मानिए कि आपका सुंदर व स्वस्थ परिवार है।
सौभाग्य मानिए कि आप स्कूल जा पा रहे हैं,पढ़ लिख पा रहे हैं।
कहना यह है छोटे भाई कि ईश्वर से उनकी कुशलता की कामना करते हुए अपने लिए ईश्वर का शुक्रिया अदा करिए कि आपके हालात ऐसे नहीं हैं और इस उपहार बड़ा वर्ग ऐसे उपहारों से वंचित है जो सहज ही आपके पास है।

पढ़ने का अवसर है तो.. खूब पढ़िए। सीखने का मौका है तो.. खूब सीखिए। तेज़ी से भाग रही दुनिया के साथ चलिए। अपने आसपास की दुनिया को प्रेरित

करिए। विज्ञान, कला, साहित्य, शोध जिसमें भी रुचि हो, उनको नया आयाम दीजिए। जो भी बनिए शानदार बनिए। इस पर *समय से विचार करेंगे तो अपना एक बेहतरीन समय तैयार करेंगे।*

राष्ट्रकवि मैथिलीशरण गुप्त जी की यह पंक्तियाँ आपने सुनी ही होगी -

> यह जन्म हुआ किस अर्थ अहो
> समझो जिससे यह व्यर्थ न हो
> कुछ तो उपयुक्त करो तन को
> नर हो न निराश करो मन को ।।

मोटी बात यह है कि
आपका अनुकूल परिस्थितियों में जन्म संयोग है.. आगे का जीवन कैसा होगा, ये आप तय करेंगे।

आप अनन्त संभावनाओं के दौर में हैं। अपने जीवन को बेहतर आकार दीजिए। ऊंचे लक्ष्य बनाइए, उन्हें पूरा करने का प्रयास कीजिए।

छोटे भाई, आगे के सारे अध्याय तभी आपके काम के हैं जब आपको भीतर से यह लगने लगा हो या लगता हो कि आप वाकई भाग्यशाली हैं और आपने तय कर लिया हो कि अब आपको अपना जीवन शानदार बनाना है। अगर ऐसा नहीं है तो आप किताब से पूरा लाभ नहीं ले पाएंगे।

कुछ पौधे, जो
मेरे बगीचे की
सरहद में नहीं हैं,
मुझको पत्र भेजा है..
जिसमें कहा गया है,
मैं बगीचे की सरहद
इतनी बढ़ाऊँ, कि
वो बगीचे की
हद में आ जाएं..

———————————

संदीप द्विवेदी

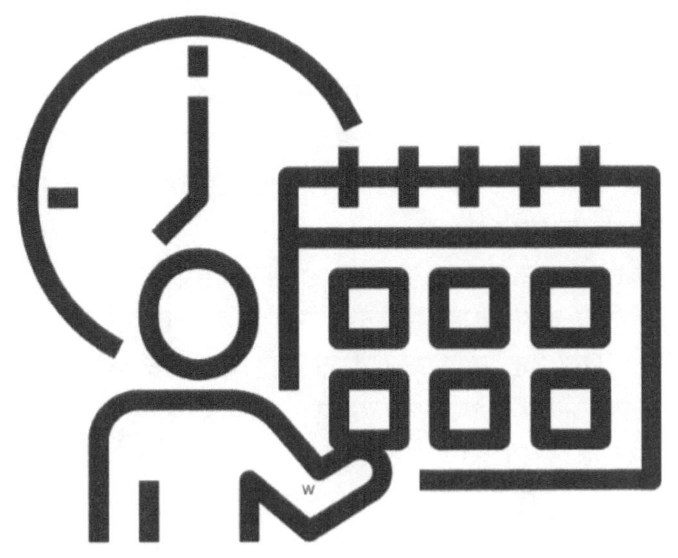

सुबह का एक घंटा

छोटे भाई, सुबह प्रकृति का सबसे ख़ूबसूरत श्रृंगार होता है। इससे सुंदर दुनिया फिर पूरे दिन नहीं लगती। जैसे माँ अपने बच्चे को बड़े प्यार से तैयार करती है। ठीक वैसे ही सुबह भी, पूरी दुनिया को दिन भर के लिए ताज़गी देकर तैयार करती है।

हमारे ऋषियों, मुनियों ने भी सुबह के समय की ख़ूब चर्चा की है। सुबह का एहसास हम सबने भी महसूस किया है कि

हम इस समय जैसे होते हैं वैसे फिर पूरे दिन नहीं होते। सच है न..

..तो फिर जब ऐसा है तो क्यों न सुबह की ताज़गी का लाभ लिया जाए। बहुत लोगों की तो इस समय नींद ही नहीं खुलती। यदि आप भी उनमें से हैं तो तुरंत आलस त्यागिए और सुबह उठाया करिए।

सुबह के एक घंटे का शानदार उपयोग करिए।

यदि आप सुबह पाँच बजे उठते हैं तो छह बजे तक और यदि आप छह बजे उठते हैं तो सात बजे तक की दिनचर्या बनाएं, और हाँ.. ध्यान रहे यह एक घंटा आपके योगा प्राणायाम करने के समय को हटाकर है।

सुबह उठकर फ्रेश हों और फिर कोई कोर्स से हटकर बढ़िया सी किताब खोलें और पढ़ें। कुछ अध्याय, कुछ पन्ने। जितना मन करें, कोई बढ़िया चर्चा सुनें। जो सीखें, उसे अपने ढंग से डायरी में नोट करने की भी आदत डालें। इस एक घंटे में न कोई न्यूज देखें, न कोई अखबार पढ़ें, न मोबाइल के मैसेज चेक करें।

सुबह को महसूस करें और उसकी ठंडक भीतर तक उतरने दें।

इसी समय में आप खुद से वादा करें कि आज आप क्या शानदार करने की  कोशिश करेंगे। वो कुछ भी हो सकता है, कुछ नया सीखना या कोई पेंडिंग काम निपटाना, कुछ भी। इसी समय में पूरे दिन के मोटे मोटे कामों की सूची भी तैयार करें।

इस तरह से लगभग आपका एक घंटा बीत जाएगा और आप समय के साथ पाएंगे कि सुबह के इस एक घंटे ने आपका पूरा जीवन बदल दिया है।

मैं अपना बताऊँ तो मैं अपने परिवार का शुक्रिया अदा करता हूँ कि उन्होंने मेरी सुबह जल्दी उठने की आदत डाली.. भले ही यह आदत बचपन में घरवालों से जल्दी उठने के लिए कुटाई होने के बाद आयी हो..ह ह ह । अब मैं न भी चाहूँ तो मेरी नींद सुबह सूरज दादा की एंट्री से पहले खुल ही जाती है।

इसका मुझे बहुत फ़ायदा मिला और मेरी लगभग सभी कविताओं का टॉपिक, शुरुआती पंक्तियाँ सुबह ही मेरे दिमाग में आती हैं। मुझे जब कुछ लिखना होता है तो मैं अक्सर अपनी सुबह का इस्तेमाल करता हूँ। मैंने पहली कविता कब लिखी ये तो नहीं पता लेकिन कविताएं लिखने का ख्याल भी मुझे निश्चित ही किसी सुबह ही आया होगा। यह किताब मैं सुबह सुबह ही लिख रहा हूँ।

सुबह का समय हमें रचनात्मक और सृजनशील बनाता है।

देखिए, बुरा पूरा दिन भी नहीं है लेकिन सुबह का समय कुछ अलग होता है। आप जब उठेंगे तभी महसूस करेंगे। इस समय में आप कुछ नया, बिल्कुल नया तैयार कर सकते हैं। तो सुबह के एक घंटे को ऊपर बताए अनुसार रोज़ उपयोग करिए। आप बहुत कुछ बेहतर होता पाएंगे।

मोटी बात यह है कि

'Creators Always Wakeup Early'
(रचनात्मक लोग जल्दी उठते हैं)

मन आलस से भरे हुए हो,
दोष पाँव को देते हो।
सूरज सागर लांघ गया,
तुम बोलो, कैसे लेटे हो ?
इन्हीं बहानों के दलदल में,
एक दिन ठहरी नाव धँसेगी।
आलस तुमको ले डूबेगी।

संदीप द्विवेदी

घड़ी की टिक टिक

समय के साथ सिर्फ़ चला जा सकता है, बैठा नहीं जा सकता क्योंकि समय कभी नहीं बैठता।

छोटे भाई, कहा जाता है कि यदि आपको, आज घड़ी की टिक टिक सुनाई नहीं दे रही तो एक दिन आपको वो सुनना पड़ेगा जो आप कभी नहीं सुनना चाहेंगे और वो देखना पड़ेगा

जो आप कभी नहीं देखना चाहेंगे।

जिसने घड़ी की टिक टिक के साथ अपने जीवन का राग बिठा लिया, उसे समय ने कहीं का कहीं पहुँचा दिया और जिसने इसकी परवाह नहीं की, उसे कहीं से कहीं भी।

याद रखिए, जिन्होंने भी कुछ बड़ा किया है चाहे वो ओलंपिक के गोल्डनबॉय नीरज चोपड़ा हों, चाहे शतरंज ग्रैन्डमास्टर डी. गुकेश हों, चाहे कोई क्रिकेट की दुनिया के महारथी हों, कला के क्षेत्र के महारथी हों, राजनीति के क्षेत्र से हों, सबने अपने समय के एक एक कतरे को अपने लक्ष्य के झोंका है।

मैं हमेशा कहता हूँ -

समय को साधा,तो
खतम हुई बाधा।

आज का युग अनेक भटकाव के स्त्रोतों से भरा है जो हमारे समय का एक बड़ा हिस्सा घेर रहा है। यही सीखने की उम्र है, यही जीवन का अतिसंवेदनशील पड़ाव है। यहाँ पर यदि समय को बेकार के कामों में उलझाया गया तो पूरा जीवन उलझ सकता है। जितना जल्दी हो, हमें यह समझना पड़ेगा।

हमारा सीमित जीवन समय के असीमित आकाश में तैरता है, समय का एक थोड़ा हिस्सा हमारी जीवन यात्रा होती है। हम इसका कितना बेहतर उपयोग करते हैं, यह सब पूरी तरह हम पर निर्भर करता है।

छोटे भाई, यही और इतना ही समय सबके पास होता है। कोई इसके एक एक क्षण का सदुपयोग कर अपना जीवन बदल देता है और कोई यूं ही बिता देता है। आप अपना समय कहाँ देना चाहेंगे?

सीधी सी बात है.. हर कोई जीवन को एक सही दिशा और

बेहतर कामों में ही देना चाहता है और फिर आपने तो ये किताब ली है.. निश्चित ही आप अपने समय का सदुपयोग ही करना चाहते

होंगे, तो समय के सदुपयोग का पहला क़दम -

समय के सदुपयोग के लिए जो हमारा पहला कदम होता है वो हमारे आगे के सारे कदम को स्वतः ही दिशा दे देता है और ***वो पहला क़दम है हमारे जीवन में किसी लक्ष्य का होना।***

जैसे कि आप यदि विद्यार्थी हैं तो आपका लक्ष्य है आगामी परीक्षा में अच्छा प्रदर्शन। अब होगा क्या कि जैसे ही आप अपने लक्ष्य के प्रति दृढ़ संकल्पित होंगे, वैसे ही आप अपने समय पर लगाम लगाना शुरू कर देंगे और काम की प्राथमिकताएं निर्धारित करने लगेंगे। समय बर्बाद करने वाले जितने भी कारक हैं, उनको पहचानने और हटाने लगेंगे। इससे धीरे धीरे आपकी पूरी दिनचर्या व्यवस्थित होने लगेगी क्योंकि यदि आपको अच्छा प्रदर्शन करना है तो किसमें कितना समय देना है, यह निर्णय लेना ही होगा।

उठने का समय

पढ़ने का समय

सोने का समय

घूमने का समय

सबकुछ आपको निश्चित करना होगा। यदि कभी आलस या लापरवाही या किसी कारण तय की गयी दिनचर्या का पालन न हो पाए तो अपने ही ऊपर कोई फाइन लगाना शामिल करें।

इस तरह आपके जीवन में एक शानदार लक्ष्य, समय को व्यर्थ होने से बचाता है। इसलिए जीवन को हमेशा बढ़िया लक्ष्य दीजिए और उसे पूरा करने में जुट जाइए, बस यही है समय का सदुपयोग।

बिना किसी लक्ष्य के हमारा समय और जीवन दोनों बर्बाद होते है। जीवन मिला है तो यूं ही मत गँवाइए, शानदार पारी खेलिए। बड़े उद्देश्य को पूरा करने का समर्पण ही समय की सार्थकता है।

आज हम जिनका भी सम्मान करते हैं, सबने अपने समय को अपने लक्ष्य में झोंका है। उन्होंने अपना एक एक क्षण अपने

लक्ष्य को दिया है, तभी उनको आज भी गाया जा रहा है, पढ़ा जा रहा है, सुना जा रहा है। समय की कद्र आपको कीमती बना देता है।

याद रखिए, समय को भटकाना जीवन को ही भटकाना है।

मोटी बात यह है कि

समय ने कभी किसी की प्रतीक्षा नहीं की। वो जितने पल चलता है आपके जीवन के भी उतने पल आपसे लेता चला जाता है, इसलिए यदि जीवन में कुछ बड़ा करना है तो समय की कीमत समय से समझिए। आपमें पूरी क्षमता है, समय की खान से खज़ाने निकालने की, अभी टूट पड़िए।

समय के पास है
हमारे लिए जीत
और पदक,
वो ढूँढ़ता है
हमारी आँखों में
अपनी कद्र,
प्यार और त्याग..
फिर लुटा देता है
सबकुछ,
हमारे समर्पण पर।

संदीप द्विवेदी

दुनिया आपमें क्या देखती है

मुझे एक गाना याद आ रहा है.. शायद आपने भी सुना हो-

आसमां को धरती पर,
लाने वाला चाहिए ।
झुकती है दुनिया,
झुकाने वाला चाहिए।

15/ क्लास by बड़े भाई/ कवि संदीप द्विवेदी

नहीं सुना हो तो सुनिएगा।

इस गाने को सुनकर आपको लगेगा कि वो दुनिया झुकाने वाला मैं ही बनूँगा, सबके मन में आता है, मेरे भी मन में आया था.. ह

ह ह।

तो यहाँ मैं आपसे उसी के बारे में बात करूँगा जो वाकई दुनिया को आपके आगे झुका सकता है।आपको समझना ज़रूरी है ताकि दुनिया आपके सामने बस गाने में ही न झुके बल्कि सच में भी झुके।

छोटे भाई, दुनिया आपको तीन पैमाने से देखती है या यूं भी कहिए कि आप भी किसी को जब देखते हैं या उनसे मिलते हैं तो आप भी इन्हीं तीन पैमानों में उन्हें कसते हैं।

पहला – आप कैसे दिखते हैं

इसका मतलब यह नहीं कि ये पढ़कर आप जिम जाना शुरू कर दें। वो तो आप स्वस्थ रहने के लिए कुछ रूटीन के अभ्यास करते ही होंगे और ज़रूरी भी है। नहीं करते हैं तो शुरू कर दें। बाकी यहाँ 'कैसे दिखते हैं' से मुझे आपको ये बताना है कि दुनिया सबसे पहले आपके कपड़े कैसे हैं.. आपका बॉडी लैंग्वेज कैसा है (आपके हैंड मूवमेंट, बैठने उठने का तरीका,आपका हाव भाव, आपकी मुस्कुराहट आदि) ये देखती है।आपके पहनावे और हाव भाव के हिसाब से वो आपके पास आती और दूर जाती है।

तो हममें ये समझ होनी चाहिए कि हम कहाँ पर किस तरह जाएं और हमारा हाव भाव कैसा हो।

जैसे कि आप यदि इंटरव्यू देने जा रहे हैं तो ये समझ होनी चाहिए कि वहाँ शादी वाली शेरवानी नहीं चलेगी।

इंटरव्यू में अक्सर इसके भी पॉइंट्स हुआ करते हैं कि आपने इंटरव्यू के लिए स्वयं को किस तरह तैयार किया है। इसलिए हमेशा जब भी कहीं जाएं इस पॉइंट को ओके कर लें। बेहतर प्रभाव पड़ेगा।

संस्कृत का एक श्लोक पढ़ा था कभी -

किं वाससैवं न विचारणीयं,

वास: प्रधानं खलु योग्यताया:।

पीताम्बरं वीक्ष्य ददौ स्वकन्यां,

दिगम्बरं वीक्ष्य विषं समुद्र: ।।

अर्थ यह है कि कपड़ों पर विचार करना क्यों ज़रूरी नहीं है।उदाहरण के लिए, विष्णु भगवान के पीले वस्त्रों को देखकर उन्हें समुद्र देवता ने अपनी कन्या दी और वहीं शिवजी के वस्त्रों को देखकर उन्हें विष दिया। आप समझ गए न...

दूसरा – आप कैसा बोलते हैं

एक कहावत है कि

बातन से हाथी मिले,

बातन से हाथी पांव..

यानि बातों से ही हमें मान सम्मान मिलता है और अपनी बातों से ही हम अपमानित होते हैं ।

एक और बात कही जाती है –

'कोई किसी औजार से कोई घाव कर दे तो भर जाता है लेकिन बातों के घाव कभी नहीं भरते।'

यह भी कहा जाता है कि

'पहला प्रभाव हमारा बढ़िया दिखना हो सकता है लेकिन हमारा स्थायी प्रभाव वाणी की कुशलता ही बनाती है।'

कहना ये चाहता हूँ कि आपके बात करने का ढंग किसी ग़ैर को भी अपना बना सकता है और किसी खास को भी दूर कर सकता है।

अपने बड़ों से, छोटों से, दोस्तों से कैसे बात की जाती है ये आपको समझना चाहिए। आपके बात करने के ढंग में सामने वाले के प्रति, उसके काम के प्रति सम्मान झलकना चाहिए। गालियां और

फूहड़ शब्दों को अपनी बातों में कतई जगह न दें।

ध्यान रहे, लोग आपकी बातों से आपका चरित्र और आपके संस्कार पढ़ते हैं।

आपके बात करने का लहज़ा आपको अजनबियों का भी दोस्त बना देता है। बड़े से बड़ा काम कई बार आपकी अच्छी वाणी आसानी से करा देती है।

आप अपने को थोड़ा टटोलेंगे तो पाएंगे कि हमारी कई बड़ी मुसीबतें हमारी बातों ने ही खड़ी की हैं और कई सारी उपलब्धियां भी हमें हमारी बातों से ही मिली हैं।

आपके बोलने का ढंग दुनिया के हर कोने में आपका साथ देगा।

एक बेहद चर्चित दोहा भी हम सबने खूब पढ़ा है-

ऐसी वाणी बोलिए, मन का आपा खोय,

औरन को शीतल करे, आपहुं शीतल होय।

तीसरा – आप कितना जानते हैं

इस पैमाने में आता है कि आपने क्या पढ़ाई की है, आप क्या बढ़िया कर लेते हैं, किस विषय पर आपकी पकड़ है।

कहा जाता है कि हमारा ज्ञान हमारी वो कमाई है जो न किसी के द्वारा चुराई जा सकती है न छीनी जा सकती है।

मानिए, आप रसायन शास्त्र में स्नातक हैं तो आपसे यह सहज अपेक्षा की जाती है कि आपको रसायन शास्त्र में स्नातक स्तर की जानकारी है और वो आपसे समझा जा सकता है। आप उस स्तर पर किसी को भी संतुष्ट कर पाएंगे।

आपने कितनी लगन से अपनी पढ़ाई की है, अभ्यास किया है, आपका ज्ञान इस पर निर्भर करता है। इसलिए जो भी पढ़ें.. इस तरह पढ़ें कि वो आपमें उतरे ताकि आपके और आसपास के लोगों के काम आए।

अगर आप आईटी के क्षेत्र में कुछ करना चाहते हैं तो आपको आईटी से जुड़े विषयों का ज्ञान होना चाहिए, तभी आप सफल होंगे इसीलिए पूरे मन से अध्ययन करें ।

नौकरी न लग पाने का कारण हमेशा बेरोजगारी नहीं होती, कई बार हमारे अध्ययन और अभ्यास में भी थोड़ी कमी होती है।

इस तरह आप समझ गए होंगे कि दुनिया झुकाने के लिए क्या क्या चाहिए। तो बस, इन्हें निखारिए और जो नहीं है उसे सीखिए।

मोटी बात यह है कि

अपना व्यक्तित्व आकर्षक बनाने और सफलता पाने के लिए इन तीनों पैमानों पर आपको काम करना होगा। अधिक कुछ

नहीं बस अपनी बॉडी लैंग्वेज पर काम करें । समय और मौके के अनुसार कपड़े पहनें। बोलने में मधुरता रखें और जो काम आप करते हों उसमें पूरी रुचि और उस काम के विषय में पूरी जानकारी जुटाते रहें और हमेशा कुछ नया सीखते रहें।

जब सबने
कर दिया इनकार
पहचानने से,
तब हीरे ने
बर्बरता बर्दाश्त की
तेज़ धारों की।

———————————

संदीप द्विवेदी

इनसे बचें

आदतों का तो ऐसा है कि वो जो चाहें करा दे, जो चाहें छीन लें और जो चाहें दे दें। सब निर्भर इस पर करता है कि आदतें कैसी हैं। आदतें अच्छी तो जीवन कुछ और, वहीं यदि आदतें बुरी तो जीवन कुछ और। इसलिए जीवन और समय के सदुपयोग के लिए इन्हें समझना ज़रूरी है।

डॉ एपीजे अब्दुल कलाम जी का बड़ा चर्चित कथन है- "आप अपना भविष्य नहीं बदल सकते लेकिन अपनी आदतें

बदल सकते हैं और निश्चित रूप से आपकी आदतें आपका भविष्य बदल देंगी।”

आज के दौर में हम सब जाने अनजाने कई तरह की बुरी आदतों के भंवर में फंसे हुए हैं, जो हमारे मानसिक और शारीरिक स्वास्थ्य को बुरी तरह से प्रभावित करती है।

यहाँ कुछ ऐसी ही आदतें हैं जो हम पर और हमारे काम पर बुरा असर डालती हैं, आइए जानते हैं।

नशे की आदत -

आज एक बड़ा युवा वर्ग इसकी चपेट में हैं। सिगरेट,शराब,कोरेक्स जैसे नशीले पदार्थों की आदत हमें भटका रही है। आज समाज में बढ़ रहे अपराधों में भी इसकी अहम भूमिका है।

कई बार जब मैं विद्यार्थियों से इस पर खुलकर बात करता हूँ तो वो कुछ दोस्ती यारी, कुछ फिल्मों और कुछ टेंशन को इसके लिए जिम्मेदार ठहराते हैं।

कुछ ऐसा कहते हैं कि बस यूं ही शौकिया कर लेता हूँ। जब चाहूँ तब छोड़ दूँ। मैं सच कह रहा हूँ ये कभी नहीं छोड़ पाते और अपना पूरा जीवन बर्बाद कर लेते हैं।

कुछ का कहना होता है कि दोस्तों के साथ रहना है तो ये सब तो करना ही पड़ता है वरना ग्रुप में शामिल नहीं हो पाऊँगा।

अरे तो ऐसा ग्रुप जॉइन ही क्यों करना है जो आपके जीवन को ग़लत चीज़ों का आदी बनाए। विचार करिए ये नशे और यहाँ वहाँ आवारागर्दी करने की शर्त पर बनी दोस्ती आपका कितना लंबा साथ निभाएगी?

छोटे भाई, हमें इन सबसे बचने के लिए यह समझना होगा कि यह आपका जीवन बर्बाद कर रहा है। यह आपको घुन की तरह खा रहा है। यह सब आपके जीवन में कभी भी कोई सकारात्मक बदलाव नहीं ला सकते।

मैं जानता हूँ कि आपको सब पता है कि ये सब बुरा है और फिर भी आप कर रहे हैं तो कोई कैसे समझाएगा आपको। आप स्वयं को जान बूझकर धोखा देने पर तुले हैं।

मेरा लहज़ा कुछ सख़्त लगा हो तो क्षमा चाहूँगा लेकिन आपके भले के लिए है।

छोटे भाई, यदि आप इस लत से मुक्त हैं तो समझिए आपको जीवन की कीमत पता है। यदि इसमें लिप्त हैं तो ये अध्याय आपकी लत को हमेशा के लिए तिलांजलि देने वाला होना चाहिए। स्थायी शांति और आनंद.. अच्छी संगति व अच्छे कामों से ही मिलेगा, इस तरह के रसायनों के सेवन से नहीं।

मोबाइल की दुनिया -

याद रखिए, हर आविष्कार अपने गले में ये बोर्ड टाँगकर चलता है कि हमारा उपयोग समझदारी से करोगे

तभी काम का हूँ।

आज हर कोई मोबाइल गैजेट के समंदर में डूबा हुआ है। हम इसमें इतना खो जाते हैं कि हमें न खाने की सुध होती न खाने की सुध होती न सोने की। इसकी अनियंत्रित लत भी हमारे विकास में बाधा बन रही है।

आज रील्स, इंस्टा, फेसबूक,ott प्लेटफा र्म इतना कुछ एक के भीतर सिमटा हुआ है कि देखने

लगे तो पूरा पूरा दिन, पूरी रात हम इसमें लगे रह सकते हैं। हमारा सारा समय इसी में बीत जाता है।

अभी हाल ही में सोशल मीडिया पर कम गुणवत्ता की चीज़ों को जो हमारा समय और स्वास्थ्य बिगाड़ती हैं, को एक शब्द 'ब्रेन रोट' यानि दिमागी सड़न नाम दिया गया और जिसे वर्ष 2024 में ऑक्सफोर्ड वर्ड ऑफ दि ईयर भी चुना गया था।

इससे हमारा हमारे ज़रूरी काम पर से फोकस कम हुआ है और मानसिक स्थिरता में घातक कमी आई है। मैं खुद इसकी गिरफ्त में था और अब इसे नियंत्रित कर रहा हूँ ।

आज हम अपने परिवार के साथ ठीक से बात नहीं कर पाते और मोबाइल में डूबे रहते हैं। संभलिएगा कि कहीं ये

मोबाइल की दुनिया, आपकी हक़ीकत की दुनिया को न बर्बाद करे।

कई शोध चीख चीख कर बताते है कि लोगों में मोबाइल के अति उपयोग से नींद न आने की दिक्कत बढ़ी है क्योंकि हम इतने डूबे रहते हैं कि दिमाग के सारे सिग्नल अस्त-व्यस्त हो जाते हैं।

यह बिल्कुल सही है कि आज यह भी एक दुनिया है। मैं यह स्वीकार करूंगा कि यह पुस्तक भी आप तक इसी दुनिया से होकर पहुँची होगी। इसकी ज़रूरत है और ये हमारे बड़े काम का है। आज चाहे हम हों या अन्य कोई भी, इसके बिना नहीं बढ़ सकता लेकिन यह तभी फायदेमंद है जब हम इसका इस्तेमाल समझदारी से करें। इसके लिए एक निर्धारित समय रखें।

सोने के समय से लगभग एक से दो घंटे पहले मोबाइल का इस्तेमाल बंद कर दें,कोई किताब पढ़ें क्योंकि अनिद्रा कई तरह की गंभीर बीमारियों का कारण बन जाती है।

दिखावे की आदत -

आज हमारी एक और आदत हमें भटका रही है और वो है दिखावे की आदत। आज हम दिखावे के लिए कि हमारे पास इतना पैसा है, इतने कपड़े हैं, यहाँ घूम रहा हूँ, वहाँ घूम रहा हूँ, इस होटल में ठहरा हूँ, इतना महंगा गिफ्ट दे रहा हूँ और न जाने क्या क्या।

छोटे भाई, यदि आपको ये सब खरीदने के लिए लोन लेना पड़े, उधार लेना पड़े, आपके रोज़मर्रा के खर्च पर भारी पड़े तो

मेरी सलाह है इससे बचें। यह एक जाल है। किसी को दिखाने से कुछ नहीं होता। आपके बजट में भी आपकी ज़रूरत के सामान अच्छे मिल सकते हैं। आप अपनी आमदनी के हिसाब से ही खर्च करें क्योंकि देखने वाले को कोई फ़र्क नहीं पड़ता और *आपके दिखावे की वजह से आप पर लदा भार कोई और नहीं उतारेगा।*

एक बात यह भी समझिए जब आप अपनी जेब की क्षमता से अधिक खर्च करते हैं तो देखने वाले आपके पीछे आप पर हँसते है। सही लोगों का साथ आपको नहीं मिलेगा और लोग आपके इस पागलपन का फ़ायदा उठाने में लगे रहेंगे।

कभी लिखा था कि-

दिखावे से कहाँ
सच बदल जाता है,
सच तो यह है कि
सब उछल जाता है..
तूफ़ानों से हवा का
रुतबा तो बनता है,
पर ये तूफ़ान, हवा का
घर निगल जाता है..

मोटी बात यह है कि

अपने आपको ऐसी लतों से बचाएं, यदि इसकी गिरफ्त में हों तो अभी छोड़ें जो आपके अमूल्य जीवन को बर्बाद कर रही हैं। समय और स्वास्थ्य का सार्थक उपयोग करें, ये दोबारा नहीं मिलते।

लत लगाइए
अच्छी किताबों की
अच्छे लोगों की
अच्छी बातों की।
ताकि आप वो
बन सकें, जिसकी
खुशबू बहुत दूर तक
बहुत दिनों तक
दुनिया में बिखरती रहे।

____

संदीप द्विवेदी

अपनी सोच बदलिए

छोटे भाई, आजकल हम छोटी छोटी बातों को अपने दिमाग में बहुत बड़ा बनाकर रखने लगे हैं। बेवजह तनाव में रहते हैं। जो हमारी प्रगति में बाधा बनता है।

इस अध्याय में हम ऐसी ही कुछ बातों पर चर्चा करेंगे जो हम सबके साथ होती है और सामान्यत: हमें अच्छी नहीं लगती लेकिन यदि हम इन बातों के लिए अपना नज़रिया बदल लें

और शिकायती न हों तो ये हमारे बड़े काम की होती हैं।

परिवार का व्यवहार -

कई बार हमें लगता है कि परिवार के लोग बहुत हम पर दबाव डालते हैं। अच्छे अंक लाने का, अच्छा परिणाम लाने का। दिन भर रोकते टोकते रहते हैं, पढ़ो पढ़ो। ज़िंदगी को खुलकर नहीं जीने देते। इस तरह की कई सारी बातें हमारे दिमाग में मानसिक दबाव (mental stress) का रूप लेती हैं और इसका एक ही इलाज है, समझना।

देखिए, परिवार की डांट हमेशा आपकी भलाई के लिए होती है। वो अपने आसपास की भागम भाग को देखकर कहीं आप पीछे न रह जाएं, बस इसके लिए वो चिंतित होते हैं। बस इसी चिंता के कारण वो आपको रोकते टोकते हैं, इससे चिढ़िए मत। बड़े नसीब वाले हैं आप कि आपको कोई रोकने टोकने वाला है।

याद रखिए, बड़े कहते हैं कि जिन बागों के माली नहीं होते, वो बाग उजड़ जाया करते हैं।

जैसे आप अभी स्कूल में हैं तो इस तरह पढ़िए कि आपको आगे चलकर प्रतियोगी परीक्षाओं में आसानी हो। घर वाले इसी

के लिए तो आपको कहते हैं, इसमें मानसिक दबाव क्या लेना।

मेरे दादा जी जब गुज़र गए तब हमारे परिवार को एहसास हुआ कि उनका होना हमारे लिए क्या था। उनकी डांट में हमारे लिए कितनी अच्छी नीयत और अपनापन था।

छोटे भाई, हो सकता है उनको नए तौर तरीकों, या चलन की उतनी समझ न हो लेकिन वो आपको किसी मुश्किल में नहीं देखना चाहते। कभी डांट दें या कुछ कह दें तो बुरा मत मानिए। सही लगे तो अमल करिए नहीं तो कोई बात नहीं। जिस दिन ये लोग नहीं रहेंगे तो *उनकी डांट में छिपा प्यार आपको बहुत याद आएगा। उनकी डांट में प्यार खोजिए, मानसिक तनाव नहीं।*

समय का रंग ढंग -

समय के रंग ढंग को भी परेशानी न मानिए। आप परेशानी मानते हैं इसीलिए परेशान होते है।

समंदर में नाव गरजती लहरों से नहीं डरती क्योंकि उसे वो अपने जीवन का हिस्सा मान चुकी होती है और डटकर सामना करती है। इसी तरह हमें भी समय के उतार चढ़ाव से डरने या

परेशान होने के बजाय इसे जीवन का हिस्सा मान लेना चाहिए और जो भी समय आए, झेलना चाहिए।

देखिए ठंड का पड़ना ,गर्मी का पड़ना न आपके वश में है न मेरे तो फिर मौसम से चिढ़ने के बजाय अपने पहनने के कपड़ों पर ध्यान देना मेरी समझ में अधिक उचित है। है कि नहीं.. ?

परिवर्तनों को स्वीकारिए और उसके अनुसार स्वयं में बदलाव करिए। इससे डरिए मत, ये हमेशा चलता रहेगा। समय के रंग ढंग को आँकिए और बिंदास बढ़ते रहिए।

हाँ, मैं ये मानता हूँ कि समय भाग रहा है, थोड़ा तेज़ी से बदल रहा है लेकिन इतना भी नहीं कि एक रात में दुनिया दूसरी हुई जा रही है। परेशान मत होइए, आप अकेले नहीं छूटेंगे। बस, जो काम कर रहे हैं उस काम को समय के हिसाब से नया पुराना करते रहिए।

आर्थिक समस्या -

मैं आपको बताऊँ इस समस्या से मैं कैसे डील करता हूँ.. जब आर्थिक दबाव आता है तो तुरंत अपने दिल दिमाग को कहता हूँ- हैलो भाई लोग, खाली पीली मत बैठो.. इमर्जन्सी है.. काम पे लगो। ह ह ह।

इसके बाद फिर जो कुछ अपने पास है वो सारे हथकंडे अपनाने लगता हूँ और सच कहता हूँ.. कुछ न कुछ व्यवस्था हो जाती है। इस तरह अपने आपको परेशान होने वाले ज़ोन

तक जाने से बचाता हूँ ।

बात समझिए, अगर आप पढ़ रहे हैं तो सिर्फ़ पढ़ाई पर फोकस करिए और कुछ मत सोचिए। मेरा अनुभव है सारी आर्थिक समस्या सुलझ जाएगी। बस शर्त ये है कि जो अभी है वो बेस्ट करिए। सुलझेगी तो इसी से सुलझेगी। यही कहीं से रास्ता निकलेगा। खूब अवसर मिलेंगे जहाँ आपकी प्रतिभा, आपकी आर्थिक समस्या को आपसे कोसों दूर रखेगी।

गोस्वामी तुलसीदास जी की ये चौपाई याद रखिए-

सकल पदारथ हैं जग माहीं,
कर्महीन नर पावत नाहीं

यानि सबकुछ इस संसार में है बस हम प्रयास नहीं करते तो नहीं मिलता है। इसलिए अपना प्रयास दीजिए, इसे परेशानी मत मानिए।

लोग क्या कहेंगे -

सबसे ज्यादा मानसिक दबाव तो इसी बात का है.. है न। हो गया तो लोग क्या कहेंगे। वैसा हो गया तो लोग क्या कहेंगे।

देखिए, ये तो हमेशा से चलता आ रहा है और चलता रहेगा। जाने अनजाने आप भी तो करते रहते हैं.. याद करिए.. याद करिए.. ह ह ह। नहीं करते तो अच्छी बात है।

तो कहना यह है कि इसके लिए क्या परेशान होना। इसका लाभ उठाइए। देखिए, कई बार समाज की बातों में कुछ सच्चाई भी होती है। मानिए या न मानिए। सारी बातें ग़लत हों ऐसा नहीं है। इसलिए उसे सुनिए और बिना किसी द्वेष के जो सही हो उसे स्वीकारिए और सुधारिए.. बाकी जाने दीजिए। अब कुछ बढ़िया पाने के लिए थोड़ा बहुत कष्ट तो उठाना ही पड़ेगा न तो लोगों को थोड़ा सह लीजिए।

ज्यादा हो तो परेशान होने के बजाय ये चर्चित गीत सुनकर मन बहला लिया कीजिए..

'कुछ तो लोग कहेंगे
लोगों का काम है कहना
छोड़ो बेकार की बातों में
कहीं बीत न जाए रैना।'

तो छोटे भाई, इन सबको परेशानी न माना करिए। ये सबकुछ लगा ही रहेगा, परिवार वाले टोकते ही रहेंगे, आर्थिक समस्याएं आती जाती ही रहेंगी, समय अपने रंग ढंग दिखाता ही रहेगा, लोग कुछ न कुछ कहते ही रहेंगे। ये तो हम सबकी रोज़मर्रा का हिस्सा हैं। ले सकें तो इससे लाभ लीजिए। परेशानी मानने के बजाय इन्हें अपना कोच मानिए.. फिर आप देखेंगे कि यह सब आपकी बेहतरी के लिए है।

अब आप कहेंगे कि फिर परेशान होने को बचा ही क्या.. तो ठीक है न.. नहीं बचा तो क्या दिक्कत है। परेशान होने से सैलरी मिलती है क्या कि होना ही है। अरे, तनाव लेना ही क्यों.. समझदारी से और पूरी लगन से जो हाथ है, जो उचित

है, वो करते जाइए बस।

मोटी बात यह है कि

आप हंस की तरह बनिए। हंस की ये खूबी मानी जाती है कि दूध और पानी के मिश्रण मे से वो दूध पी लेता है और पानी छोड़ देता है। कई बार जो बुरा लगता है उसमें भी कुछ हमारे लिए बहुत अच्छा होता है,वो आपकी ज़िंदगी बदल सकता है, उसे चुनने पर ध्यान दीजिए। सोचिए तो ये सब आपको बेहतर करने के लिए ही हैं। जिस दवाई से आराम मिले तो उसकी थोड़ी कड़वाहट सहने में क्या बुरा है। है कि नहीं..

याद रखिए, जैसी दृष्टि वैसी सृष्टि।

बदलने पर बदल जाता है
बहुत कुछ..
हमारे विचार बदल देते हैं,
हमारी दिशाएं..
दिशाएं बदल देती हैं,
हमारे रास्ते..
रास्ते बदल देते हैं
हमारा लक्ष्य..
और हमारा लक्ष्य बदल देता है
हमारा जीवन

संदीप द्विवेदी

ये चरित्र हमें देते हैं बड़ी सीख

हम उदाहरणों से सीखते हैं और प्रेरित होते हैं। उन उदाहरणों से मिली सीख हमारे व्यवहार में झलकती है और हमारे मुश्किल समय में सहारा बनती है। हमारा भारतीय इतिहास अपने पिटारे में अनेक ऐसे कालजयी उदाहरण सहेजकर रखे हुए है जो हमें अच्छे- बुरे सही-गलत की सीमा बताता है।

आइए, उन कालजयी चरित्रों से हम सीखते हैं जीवन को

असाधारण बनाने के गुर।

भगवान श्रीराम और श्रीकृष्ण से सीखिए शिष्य होना

भगवान श्री राम और कृष्ण स्वयं भगवान विष्णु के अवतार माने जाते हैं। विचार करें तो उनको कोई क्या ज्ञान देगा जो स्वयं ज्ञान का अनंत स्त्रोत हैं लेकिन जब वो श्री राम और श्री कृष्ण के रूप में धरती पर आए तो उन्होंने गुरुकुल में शिक्षा ली। सारा ज्ञान होते हुए भी वो अपने गुरु को ध्यान से सुनते थे बिल्कुल साधारण बच्चों की तरह और उनके गुरु जो उनको उपदेश और आदेश देते थे वो पूरे मन से उसका पालन करते थे।

सीख ये है कि जब आप सीख रहे हों तो सीखें।जब कोई हमें कुछ बता रहा हो तो उसे ध्यान सुनें बजाय इसके कि उन्हें बार बार टोकें। संभव है आपको संबंधित विषय में और सटीक जानकारी पता होगी लेकिन शिष्यत्व रखें और बाद में आप अपनी बात विनम्रता से कहें। इस ढंग से सीखने वाले को सारा संसार सिखाने के लिए
खड़ा रहेगा।

याद रखिए –

अपने शिक्षक से मिलिए तो गुरूर त्यागकर,

बात करिए तो बिना बात काटकर, और सुनिए तो अपना ज्ञान खूँटी टाँगकर।

दो कालजयी योद्धा

मैं दो योद्धाओं को ऐसा मानता हूँ कि जिनसे बहुत कुछ सीखा जा सकता है। यदि विद्यार्थी जीवन से ही आप इनके गुणों को सीख पाएं तो भविष्य की रचना बहुत शानदार होगी और महाभारत काल के ये दो चरित्र हैं – कर्ण और अर्जुन। हम सब दोनों योद्धाओं से परिचित हैं। इनसे हम क्या सीख सकते हैं आइए देखते हैं –

महारथी कर्ण से सीखिए परिस्थितियों से हार न मानना

महारथी कर्ण एक अधिरथी कुल में पला बढ़ा (यूं तो कुंती पुत्र था लेकिन एक अधिरथी के घर उसका लालन पालन हुआ)। वो किसी राज परिवार का सदस्य नहीं था। उसने सबकी तरह पूरी लगन से सारी विद्या सीखी, अभ्यास किया और अर्जुन की तरह ही चर्चित धनुर्धर बना। परिस्थितियाँ चाहे जैसी भी रही हों उसने हार नहीं मानी। उसके कौशल से प्रभावित होकर राजपुत्र दुर्योधन ने उसे अंगदेश का राजा घोषित किया था । एक अधिरथी कुल में पला बढ़ा कर्ण किसी देश का राजा कैसे बन गया। उत्तर यही है – अपने आपको झोंककर।

सीख यह है कि जब कुछ करने की चाह हो तो फिर विपरीत परिस्थितियों को रास्ता देना ही पड़ता है। कर्ण का चरित्र उसकी दानवीरता के साथ हम सबके लिए यह भी सीख देता है कि चाहो तो सब बदल सकता है।

अर्जुन से सीखिए एकाग्रता और विनम्रता

अर्जुन एक राजपरिवार से था। परिवार में बड़े लाड़ प्यार से पला बढ़ा था और पूरे परिवार का चहेता था।

हम सभी अर्जुन की एकाग्रता का चर्चित किस्सा सुनते हैं। जब गुरु द्रोणाचार्य सबकी परीक्षा लेते हैं जिसमें एक पक्षी के पुतले की आँख पर सारे शिष्यों को निशाना लगाना होता है। द्रोणाचार्य ने सभी शिष्यों को निशाना साधने का आदेश दिया और तीर छोड़ने से पहले सबसे एक सवाल पूछा – तुम्हें क्या दिखाई दे रहा है? और अर्जुन का उत्तर था – मुझे मात्र पक्षी की आँख दिखाई दे रही है। जिससे द्रोणाचार्य बहुत प्रभावित हुए थे। इस उत्तर पर द्रोणाचार्य बाण छोड़ने का आदेश देते हैं और बाण सीधे पक्षी की आँख पर लगता है। इसी एकाग्रता ने अर्जुन को महान धनुर्धर बनाया।

सीख यह है कि जिस काम को करिए उसे पूरा डूबकर करिए। अर्जुन सी एकाग्रता जिस भी काम में रहेगी, उसका सफल होना तय है।

अर्जुन के स्वभाव में विनम्रता भी थी। शायद यही कारण था कि वो पूरे राजकुल के साथ ही कन्हैया के भी चहेते थे।

द्रोणाचार्य भी कहीं न कहीं अर्जुन से उसकी लगन और विनम्रता के कारण सर्वाधिक स्नेह रखते थे। इसलिए हमें भी अपने स्वभाव में इसे रखना चाहिए, यह जीवन को बहुत ऊँचाई देगी। विनम्रता का गुण कभी मत छोड़िएगा। भले ही कुछ जगहों पर यह उपेक्षित लगे लेकिन याद रखिएगा *बहुत कम ऐसी जगहें होंगी जहाँ आपकी विनम्रता आपकी कमज़ोरी बनेगी बाकी संसार की हर बड़ी और शानदार जगह पर इसी गुण का सम्मान होता है।*

एकलव्य से सीखिए अभ्यास करना

महाभारत का ही एक ऐसा चरित्र जिसने आचार्य द्रोण को गुरु मानकर उनकी प्रतिमा के सामने अपने तीर चलाने का अभ्यास किया और ऐसा धनुर्धर बना कि स्वयं आचार्य द्रोण दंग रह गए। अभ्यास ही उसका गुरु बन गया था। एक लक्ष्य बनाकर और उसको साधने का अभ्यास करते करते उसने धनुर्धर होने की सारी बारीकियां हासिल कर ली और सारे संसार को हतप्रभ किया।

सीख यह है कि लक्ष्य दृढ़ संकल्पित हो तो अभ्यास अकेले भी रास्ता बना सकता है। हम अभावों का बहाना बनाते हैं।

एकलव्य और कर्ण ने इसके बिना भी सब हासिल किया था।

मोटी बात यह है कि
कर्ण की दानवीरता और उसकी लगन, अर्जुन की एकाग्रता और विनम्रता एवं एकलव्य का सतत अभ्यास

यह सभी गुण यदि हमारे भीतर हों तो शायद ही कोई लक्ष्य होगा जो हम नहीं पा सकते।

ऐसी प्रेरक कथाओं को पढ़ा करें, उनसे सीख लें क्योंकि यह हमारे भीतर की क्षमताओं को जगाती हैं और हमें लक्ष्य की ओर पूरे मनोयोग से बढ़ने की प्रेरणा देती हैं।

बहती रहेंगी नदियां,
घाट के पत्थरों पर
उकेरती हुई, अपनी
अंतहीन यात्राएं..
पढ़ता रहेगा संसार
उसकी विशालता,
और लेकर चलेगा
उसे युगों तक,
करते हुए यत्न,
उस विशालता को
अपने में समाने का..
और रचेगा अपना
विशाल अतीत और भविष्य।
फिर उकेरेगा किसी
पत्थर पर वो भी
अपनी विशालता,
नदियों की तरह।

———————————

संदीप द्विवेदी

सेल्फ स्टडी या कोचिंग

छोटे भाई, अगर इसे आपके शब्दों में इस शीर्षक को कहूँ तो..
इसे कहा जाएगा – घर में अपने से पढ़ना या किसी शिक्षक
के निर्देशन में पढ़ना। सही कहा न ?

चलिए, इसी पर बात करते हैं;

देखिए, हमें चलने के लिए, हमें कहाँ जाना है, यह पता होना

चाहिए क्योंकि बेवजह चलकर हम कहाँ जाएंगे। अब जब यह पता चल गया कि हमें जाना कहाँ है तो इसके लिए कोई दिशा और रास्ता भी पता होना चाहिए वरना हम कैसे जाएंगे। अब जब यदि जहाँ जाना है, वहाँ पहुँचने का समय भी निश्चित हो तो

समय के अनुसार कितना तेज़ चलना है यह भी पता रखना होगा वरना तय समय में हम कैसे पहुंचेंगे। है कि नहीं..?

इसतरह हम यह कह सकते हैं कि हमारा प्रयास सार्थक हो, इसके लिए हमें मुख्यतः तीन प्रश्नों को साधना होगा -

पहला – कहाँ जाना है

दूसरा – कैसे जाना है

तीसरा – समय कितना है

पहला है कि कहाँ जाना है, आप विद्यार्थी हैं तो आपको भलीभाँति ये पता है कि आपको कौन सी परीक्षा देनी है या आप क्या बनना चाहते हैं।

दूसरा है कि कैसे जाना है। इसका अर्थ है कि आप जो करना चाहते हैं उसे कैसे करेंगे।

तीसरा है कि समय कितना है। इसका अर्थ है कि जो आप करना चाहते हैं वो कितने समय में करना है।

यदि यह तीनों आपको पता है तो आप बिना सोचे समझे सेल्फ स्टडी करें।

पर यदि इसमें कोई एक भी आपको पता नहीं है तो पहले पता

करना पड़ेगा,इसके लिए किसी योग्य शिक्षक से गाइडेंस लेना होगा, कोचिंग संस्थान देखना होगा वरना आपकी मेहनत भटक सकती है।

देखिए, विषय पर पकड़ रखने वाले शिक्षक अपने अनुभवों से आपको लक्ष्य साधने की बारीकियां समझाते हैं, लक्ष्य पाने में आने वाली बाधाओं से आपको परिचय कराते हैं, लक्ष्य पाने की पूरी योजना तैयार करवाते हैं। जिससे आपके अभ्यास को सही दिशा मिलती है, आपकी पूरी मेहनत सीधे लक्ष्य भेदने में लगती है। हाँ, अब इसमें हो सकता है कि आपकी आर्थिक स्थिति कहीं आड़े आए।

लेकिन परेशान होने की ज़रूरत नहीं है। आजकल यूट्यूब जैसे माध्यमों ने सब बेहद आसान और सुलभ कर दिया है। नि:शुल्क और बेहद कम खर्चे में योग्य शिक्षकों का मार्गदर्शन मिल जाता है। आपको कहीं बाहर जाने की भी ज़रूरत नहीं। *आपकी लक्ष्य पाने की दृढ़ इच्छा सबकुछ आपके क़दमों के नीचे ला सकती है।* ठान लेंगे तो सब हो जाएगा। आपने भी वो पढ़ा होगा –

कौन कहता है कि
आसमान में सुराख नहीं हो सकता,

एक पत्थर तो तबीयत से उछालो यारों ॥

इस तरह आप अपने हिसाब से चुनाव करें क्योंकि आपको आपसे बेहतर कोई नहीं जानता। बस, यह याद रखें कि अभ्यास आपको ही करना पड़ेगा। यह काम आपके लिए दुनिया का कोई भी शिक्षक नहीं कर सकता। इसे हटाकर लक्ष्य पाने का कोई रास्ता नहीं।

मोटी बात यह है कि

आप चाहे एकलव्य बनें या अर्जुन यानि स्वाध्याय करें या कोचिंग, अगर लक्ष्य पाना है तो अभ्यास आपको ही करना है। इसका विकल्प खोजने में न पड़िएगा और लक्ष्य पाने में एक गुरु की जो भूमिका होती है उसे भी नकारा नहीं जा सकता, यह भी याद रखिएगा। फिर आप उसे चाहे जैसे पाएं।

कुछ योद्धा,
नहीं होते मैदान में..
पर वो दिख जाते हैं,
किसी योद्धा की
प्रत्यंचा खींचती उंगलियों
और लक्ष्य साधती आँखों में।

———————

संदीप द्विवेदी

इनसे मिलती है सफलता

ऐसा क्यों होता है कि जो काम आपको असंभव लगता है वो कोई और आपकी ही तरह दिखने वाला उसे कर रहा होता है। ऐसा क्यों होता है कि आपके पास पर्याप्त जानकारी है फिर भी आप पीछे हैं। ऐसा क्यों है कि आप मेहनत करते हैं लेकिन

जैसा परिणाम चाहते हैं वैसा परिणाम नहीं मिलता।

छोटे भाई, ऐसा इसलिए हैं क्योंकि सफल होने लिए जो तीन शस्त्र होने चाहिए, उनको साधने में कहीं न कहीं कमी रह जा रही है। आइए, पहले इन्हीं तीन शस्त्रों को समझिए और विचार करिए कि किस पर आपको काम करना है।

पहला – विश्वास (belief) –

सफलता का बीज इसी मिट्टी पर बोया जाता है और मिट्टी जैसी होगी, बीज वैसा ही पौधा बनेगा।

लक्ष्य हासिल करने के लिए आपको अपने आप पर यह भरोसा करना होगा कि आप जो चाहें, कर सकते हैं, बन सकते हैं।

कई बार सुनी सुनाई बातें हमारा विश्वास डगमगा देती हैं।

मानिए, आप किसी परीक्षा की तैयारी कर रहे हैं और आप ये पहले ही मानकर बैठ जाएं

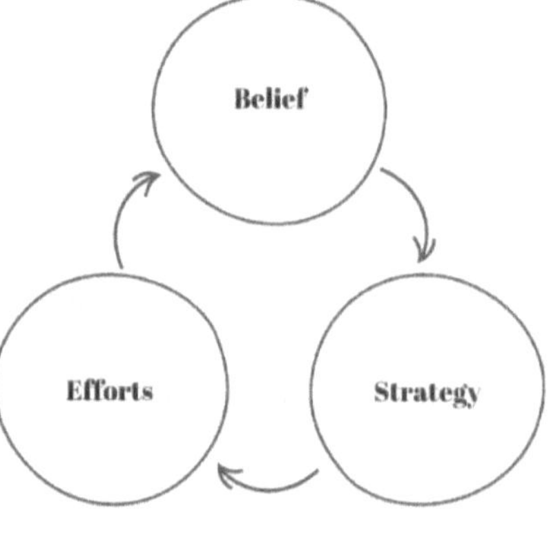

कि बहुत मुश्किल है तो आपको निश्चित ही तैयारी मुश्किल लगेगी, आपका मन हारेगा। इसलिए अपने लक्ष्य के प्रति सकारात्मक रहिए। यह विश्वास रखिए कि इस संसार में कुछ

मुश्किल नहीं है। यह नज़रिया आपको हिम्मत देगा।

कुछ भी हासिल करने के लिए पहला क़दम आपका, अपने आप पर विश्वास करना है कि हाँ, मैं कर सकता हूँ।

यदि आपको अपने आप पर विश्वास है तो समझिए सारी दुनिया आपके साथ है और हर काम आपके हाथ है।

कहने दे उसको
ये दुनिया ऐसी है।
तू देखता है जैसे,
यह ठीक वैसी है।

रणनीति (strategy) -

अब जब आप पूरी ऊर्जा और विश्वास के साथ कोई लक्ष्य हासिल करने को तैयार हैं तो अब आपको ज़रूरत होती है इसके लिए पूरी रणनीति तैयार करने की जिससे आपकी ऊर्जा व्यर्थ न जाए। हमें वो सब खोजना होगा जो लक्ष्य पाने के लिए चाहिए।

जैसे मानिए कि आप पर्वतारोही हैं तो आप किस तरह आप बढ़ेंगे ? कितने समय में कहाँ तक पहुँचना होगा, क्या क्या सामान लगेगा, क्या मुश्किलें आ सकती हैं, क्या सतर्कता रखनी होगी और जो भी होता होगा.. आपको सब पर विचार करना होगा और पूरा रोड मैप तैयार करना होगा। यह जितना सटीक होगा, सफल होने की संभावना उतनी ही अधिक होगी।

आप समझ गए होंगे। इसी तरह आप भी अपना लक्ष्य पाने

व्यवस्थित रणनीति बनाइए और उसके हिसाब से आगे बढ़िए और यकीन मानिए यह सब हो जाता है अगर आप ठान ही लें।

कहते हैं न कि जहाँ चाह.. वहाँ राह। बिल्कुल, बस वही।

अगर आपको प्यास है तो नदी तक जाने का रास्ता बन ही जाएगा।

प्रयास (Efforts) -

अब जब लक्ष्य हासिल करने की योजना बन चुकी है तो अब आता है आपका प्रयास। हममें से ज्यादातर यहीं पर रुक जाते हैं जबकि यही वो क़दम है जो हमें विश्वास और रणनीति के अनुसार लक्ष्य तक ले जाएगा। यह नहीं तो सफलता नहीं।

मानिए कि मुझे पूरा विश्वास है अपने आप पर कि मैं कोई किताब लिख सकता हूँ और मैंने इसके लिए पूरी रणनीति तैयार कर ली है कि एक दिन में एक हजार शब्द लिखूँगा।

अब अगर मैं लिखने के लिए ही न बैठूँ तो एक हजार शब्द क्या अपने आप लिख जाएंगे। लिखने के लिए, विचार करने के लिए बैठना तो पड़ेगा न, प्रयास तो करना ही पड़ेगा, ऐसे ही थोड़ी बन जाएगी किताब।

हम कुछ करने का विश्वास बना लें, कार्य की योजना तैयार कर लें लेकिन उसे करने के लिए ज़रूरी प्रयास अगर न करें तो दोनों किस काम आएंगे भला। हर बड़ा लक्ष्य, विश्वास और योजना के साथ कड़ी मेहनत, सतत प्रयास माँगता है। बैठे रहने से कभी कुछ नहीं मिलता। तो यही सफलता पाने के शस्त्र

हैं चाहे आप किसी भी क्षेत्र में हो। इन तीनों में से कोई भी यदि आपके पास नहीं है तो लक्ष्य पाना मुश्किल होता है।

मोटी बात यह है कि

विश्वास, रणनीति और प्रयास। जीवन में जादू इन्हीं तीन से होता है। यही तीन हैं जिससे आपका जीवन बदल सकता है। इन्हीं से जो आप चाहते हैं, हासिल कर सकते हैं। अपने आप पर विश्वास करिए , लक्ष्य पाने के लिए रणनीति बनाइए और सतत प्रयास कीजिए।   करिए , लक्ष्य पाने के लिए रणनीति बनाइए और सतत प्रयास कीजिए।

हम मंज़िल पर
पहुँचने वाले,
पहले नहीं हो सकते..
हमसे पहले
पहुँच जाता है,
हमारा विश्वास
और हौसला।
उसके बाद
पहुँचते हैं हम।

संदीप द्विवेदी

Option 'B' हो या नहीं

एक मेरे परिचित हैं, बड़े खुश मिज़ाज। एक बार वो मुझे कहीं मिले और मेरे पूछने पर उन्होंने बताया कि भई फलां काम जमाने की कोशिश कर रहा हूँ। चला तो ठीक.. नहीं तो कुछ दूसरा देखूँगा। उनका कोई व्यवसाय था।

मैंने पूछा – क्या दूसरा देखेंगे.. काम ?

उन्होंने कहा – नहीं नहीं.. काम का तरीका। करना तो वही है संदीप भाई।

हम दोनों बड़े ज़ोर से हँसे। कितनी बढ़िया बात है न.. यानि जो ठाना है, करना वही है। रास्ते बदलेंगे, लक्ष्य नहीं। अच्छी बात है।

अब एक दूसरा पहलू देखते हैं।

मेरे एक सीनियर हैं जो सिविल सर्विसेस की तैयारी कर रहे थे। उन्होंने ग्रेजुएशन के बाद बिना समय गँवाए तैयारी शुरू कर दी लेकिन दुर्भाग्यवश उनका हर प्रयास विफल रहा। वो लगभग 32 वर्ष की उम्र तक पहुँच गए, अब समय के साथ परिस्थितियाँ थोड़ा बदलने लगी। उनकी तैयारी में उनका परिवार, उनकी कुछ  जिम्मेदरियाँ आड़े आने लगी। उम्र कहाँ रुकने वाली थी, तनाव बढ़ने लगा। उनका सपना यही था लेकिन उसे पूरा करना मुश्किल हो रहा था। अब सिविल सर्विसेस में चयन के लिए दो रास्ते तो होते नहीं, सो अब ऐसे में क्या किया जाए।

बात समझिए..

इसमें दूसरा रास्ता दूसरा काम ही हो सकता है। अब परिस्थितियाँ जिस तरह से हैं तो उन्हें कोई दूसरा काम देखना पड़ेगा।

दोनों पहलुओं को देखें।

पहले पहलू में देखें तो लक्ष्य को कई रास्तों से किया जा सकता था। लेकिन दूसरे पहलू में लक्ष्य हासिल करने का दूसरा रास्ता ही नहीं है।

इस तरह दोनों पहलुओं को यदि समझें तो हम देखते हैं कि दोनों में ही Option B ज़रूरी है अब वो भले ही रास्ता बदलने

का हो या फिर काम बदलने का।

एक में लक्ष्य वही है और उसमें प्रयास का ढंग बदलना Option B है। वहीं दूसरे में अन्य रास्ता न होने से लक्ष्य बदलना Option B है।

कहना ये है कि Option B होना ही चाहिए। कम से कम मौजूदा समय के मुताबिक इतना तो सोचा हुआ हो ही कि ये नहीं हुआ तो फिर क्या किया जाएगा।

कुछ पाने के लिए प्रयास करने को मनाही नहीं है लेकिन प्रयास को समय और उम्र के हिसाब से भी देखना बेहद ज़रूरी हो जाता है। इसलिए किसमें लगे रहना है और किसके लिए बड़ा निर्णय लेना है, यह भी समझना ज़रूरी है।

मैं यदि विद्यार्थियों की बात करूँ, वो मानिए किसी सिविल सेवा की तैयारी कर रहे हैं तो निश्चित करिए कि आप इसमें चयन के लिए कितने अटेम्प्ट देंगे यह निश्चित करने के बाद पूरी लगन से तैयारी के लिए जुट जाइए। फिर चयन हो जाए तो ठीक नहीं तो अपनी डिग्री, अपनी पढ़ाई से संबंधित

क्षेत्रों में अवसर तलाशें। इससे आप समय रहते निश्चित ही कुछ न कुछ बेहतर कर लेंगे। Option B सुनकर घबराइए मत। दुनिया में बहुत लोगों की Option B ने ज़िंदगी बदली है।

कई बार पता चलता है कि हम ऑप्शन B ही बेहतर कर सकते हैं। कहते हैं फिल्मी दुनिया में अभिनेता सलमान खान के पिता जी सलीम खान शुरू में अभिनेता के रूप में दिखे लेकिन समय के साथ ये पता चला कि शायद वो बेहतर लिख सकते हैं बजाय अभिनेता होने के और आज दुनिया उन्हें लेखक के तौर पर ही जानती है।

कई बार ऑप्शन B, सपने पूरा करने में मदद करता है

कितने ही लोगों के किस्से हैं जिन्होंने अपनी परिस्थितियाँ देखते हुए अपनी किसी स्किल का उपयोग करके, गार्ड की नौकरी करके, थोड़ा पढ़ाकर के, घर की ज़िम्मेदारियाँ संभालते हुए अपने सपने की तैयारी जारी रखी और सफलता पायी। Option B के कारण ही भविष्य की आर्थिक अनिश्चितता, परिस्थितियों को लेकर अधिक तनाव नहीं बना जिससे बेहतर तैयारी हो सकी और वो सपना पूरा कर सके।

मोटी बात यह है कि

Option B का चुनाव आपकी हार नहीं बल्कि आपका अपने समय के प्रति सजग होना दिखाता है।

क्रिकेट टीम में आप भले बतौर बढ़िया बॉलर चुने गए हों लेकिन सब आउट हुए तो बैटिंग भी करनी पड़ती है न, तैयारी इसकी भी होनी चाहिए। है कि नहीं ?

समय के हिसाब से निर्णय लेना बुद्धिमत्ता है।

आसान नहीं होता
छोड़ना, जो पसंद हो..
बेहद मुश्किल है,
नई राह पर चलना..
लेकिन त्यागना पड़ता है
किसी ग्वाले को गोकुल..
होना पड़ता है वनवासी,
किसी राजकुमार को।

———————

संदीप द्विवेदी

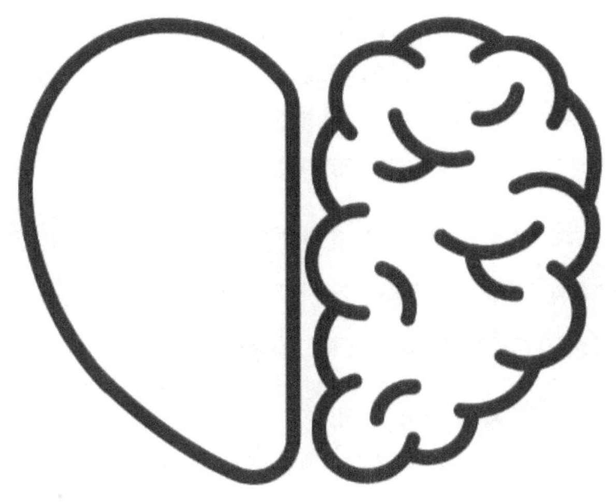

प्यार से भी ज़रूरी कई काम हैं

उम्र का हर पड़ाव नए नए अनुभव कराता है और हम नए नए अनुभवों से गुज़रते हुए बहुत कुछ भविष्य के लिए सीखते चलते हैं। इसी उम्र में हमें कोई अच्छा लगता है। किसी के प्रति हम अपने भीतर आकर्षण महसूस करते हैं। जिसे हम सामान्यत: प्रेम समझते हैं।

यह उम्र, करियर और यह भाव। चलिए, हम इसी पर थोड़ी चर्चा करते हैं।

देखिए, किसी के प्रति हमारा आकर्षित होना, किसी के

घूमना ..बात करना, अपनी भावनाएं व्यक्त करना, किसी का अच्छा लगना स्वाभाविक है इसे हम आप नकार नहीं सकते और नकारना भी नहीं चाहिए लेकिन हमें सीमाएं और प्राथमिकताएं याद रखनी चाहिए।

दुनिया में बहुत कुछ है जो हमें अच्छा लगता है लेकिन हमें उसे चुनना चाहिए जो वर्तमान समय में और भविष्य के लिए सबसे अधिक ज़रूरी हो।

हम किसी होटल में जाते हैं तो वहाँ हमारी पसंद का बहुत कुछ रहता है, हमारी इच्छा भी होती है और देखकर मुंह में पानी भी आ रहा होता है लेकिन हम क्या चुने, इसका निर्णय हमें अपनी जेब के हिसाब से लेना पड़ता हैं क्योंकि हमारी प्राथमिकता अभी पूरी जेब खाली करना नहीं होता और पूरा महीने का खर्च भी देखना होता है। आप समझ रहे न.?

जब तक प्राथमिकताएं याद रहती है तब तक हम नहीं भटकते।

छोटे भाई, प्रेम बहुत खूबसूरत एहसास है। यदि हमें कोई अच्छा लगता है तो इसमें कोई बुराई नहीं है लेकिन हमें अपनी प्राथमिकताएं नहीं भूलनी चाहिए।

हमें समझना होगा कि हम विद्यार्थी हैं और अभी हमारी प्राथमिकता है हमारा करियर,हमारी परीक्षाएं, परिवार के सपने, आपके सपने। विद्यार्थी जीवन, जीने की कला सीखने की वर्कशॉप है।इसके लिए उम्र और समय भी यही है। मेरी सलाह है कि इसके अलावा जो भी है उससे थोड़ा दूर रहना बेहतर है

और जो आपको इस प्राथमिकता से भटकाए उससे किनारा करना है, चाहे कुछ भी हो। प्यार है तो रखिए लेकिन समझिए और समझाइए भी कि यह समय करियर बनाने का है।

हमारा पहला काम अध्ययन है। इसके लिए एक दूसरे के काम आएं और एक दूसरे को कुछ बेहतर बनाने के लिए प्रेरित करें। यही प्रेम है और इसकी यात्रा लंबी है। प्रेम बनाने की कोशिश करता है मिटाने की नहीं। यदि कैफे, सिनेमा और पार्क में घंटों बिताना ही आपको प्रेम लगे तो थोड़ा विचार करिएगा।

युद्ध भूमि में युद्ध चल रहा हो तो वहाँ राजा को किसी योद्धा की जरूरत है किसी गायक की नहीं । यहाँ राजा की प्राथमिकता ही राजा का जीवन तय करेगा। आप बताइए यदि ऐसी स्थिति में आप होते तो योद्धा चुनते या गायक।

_जीवन को खुली आँखों से देखिए।_ यदि पढ़ने के समय में हमने पढ़ाई नहीं की और दुनियादारी में फंसे रह गए तो हमें एक दिन इसकी बड़ी कीमत चुकानी होगी।

जब करियर तबाह होता है तो संभव है इस समय वो लोग भी न हो जिनके लिए लगता था कि हमेशा साथ रहेंगे और इसकी पीड़ा हमें अकेले ही सहनी होती है।

अपना हुनर पहचानिए, इन्हें तराशिए और ऐसा साथी चुनें जिसकी लक्ष्य के प्रति चाह आपकी तरह हो। न भटकिए और न भटकाइए। अपनी एक शानदार कहानी लिखिए और दुनिया को सुनाइए।

याद रखिए, बड़े लक्ष्य के लिए वो सब छोड़ना पड़ता है जो हम कभी नहीं छोड़ना चाहते। कहना ये है कि.. करियर फर्स्ट।

मोटी बात यह है कि

प्रेम, लगाव होना बहुत अच्छी बात है लेकिन सबकी सीमाएं निर्धारित करिए और मानिए कि आप दुनिया में कुछ बड़ा करने वालों में से हैं, अपना लक्ष्य याद रखिए। विचार करिए सूरज अगर बादलों में उलझ जाए तो हमारा आपका क्या होगा।

जीवन को,
सदैव छूता रहा है
प्रेम..
लेकिन फिर भी
होते रहे हैं
युद्ध..
दोनों ही रहे हैं सदा
स्वीकार,

और तय करता रहा है
समय,
दोनों की
प्राथमिकताएं।

संदीप द्विवेदी

क्या जीवन इतना सस्ता है ?

किसी विद्यार्थी ने रिजल्ट ठीक न आने के कारण पंखे से झूलकर अपनी जान दे दी। सुसाइड नोट में उसने अपने माता पिता से अपने इस कदम के लिए माफ़ी मांगी है।

एक विद्यार्थी ने हॉस्टल की छत से कूदकर जान दे दी.. कारण यह कि वह अपनी कक्षा में अच्छा प्रदर्शन नहीं कर पाया।

आईआईटी के विद्यार्थी ने लगाई फांसी.. कारण की तलाश

में जुटी पुलिस।

हम कितने ही इस तरह की खबरों से लदी न्यूज देखते पढ़ते हैं। आए दिन हम सुसाइड के केस सुनते हैं।

एक सर्वे के मुताबिक अंतिम वर्ष, शिक्षा की नगरी कहे जाने कोटा में पहले की तुलना में 30 प्रतिशत अधिक लोगों ने स्वयं को समाप्त किया।

क्यों हैं इस तरह के हालात ?

क्योंकि हम मात्र जीत को ही सब मान बैठे हैं। बस, जीतना ही जीवन है और मृत्यु से बड़ी हार..

यह कौन सा लॉजिक है भई.. आज के युवाओं का। आपके लॉजिक से चले तो जब टीम इंडिया हार जाया करे तो क्या स्वयं को समाप्त कर लिया करें और हर बार नई टीम बने।

किसी की फिल्म फ्लॉप हो तो वो क्या स्वयं को समाप्त कर लिया करें।

अभी हाल ही में ओलम्पिक में जो लोग नहीं जीत पाए तो आपके हिसाब से तो उनकी स्वयं को समाप्त करने की खबरें आनी चाहिए।

क्या हो गया है ये आज के युवाओं को, जिन पर उनके परिवार और देश का भविष्य टिकता है। सोचिए, इस तरह की विचारधारा परिवार और देश को कहाँ ले जाकर छोड़ेगी। बताइए.. क्या ऐसा करना उचित है।

अब आप ये कह सकते हैं कि सबके हालात अलग अलग होते हैं तो ज़रा अपने आसपास तनिक नज़र दौड़ाइए.. आपसे बदतर हालात में लोग सरवाइव कर रहे हैं। उनसे मिलिए एक बार.. आप यह भी देख पाएंगे कि आपके जितना तो वो पढ़े लिखे नहीं हैं लेकिन  जीवन से हार न मानने का पाठ आपसे बेहतर समझते हैं। इसीलिए आपसे कहीं गए बीते हालात में भी वो मजबूती से खड़े हैं।

हम जीवन की इतनी कम कीमत कैसे आंक सकते हैं। किसी परीक्षा से मिली हार आपका जीवन कैसे ठग सकती है।

आत्महत्या का तो विचार भी कायरता है।

बताइए किसी दीवार की पुताई अगर खराब हो जाए तो क्या दीवार गिरायी जाती है..?

यह भी सोचिए कि यदि जीत किसी के वश में होती तो कोई हारता ही क्यों। हम सभी जीतना ही चाहते हैं न।

यदि हार जीवन से बढ़कर होती तो आज इस दुनिया में कितने लोग बचे होते। कौन है ऐसा, जिसने हार कभी नहीं देखी है।

बात समझिए –

हम इस दुनिया में खेल के मैदान पर एक खिलाड़ी की तरह हैं। हमारा पूरी लगन से खेलना महत्वपूर्ण है न कि हर बार जीतना।

अब यदि हमारा सारे खिलाड़ियों से बढ़िया प्रदर्शन रहेगा अब यदि हमारा सारे खिलाड़ियों से बढ़िया प्रदर्शन रहेगा तो हम विजेता होंगे बाकी जो नहीं जीते वो फिर और मजबूत रणनीति से खेलेंगे। हो सकता है अगली बार वो विजेता हों.. तो ऐसे चलता है जीवन का रंगमंच। ऐसा नहीं कि जीत नहीं पाए तो जान दे दो।

आपके घर परिवार के लिए आपकी जीत- हार से अधिक आपका होना महत्वपूर्ण है। वो किसी भी कीमत पर आपको खोना नहीं चाहते बल्कि ऐसे क़दमों से उनके पूरे जीवन को आप एक अंतहीन पीड़ा में झोंक देते हैं। क्या आप अपने परिवार को ऐसे तड़पते देखना चाहोगे ? नहीं न।

छोटी सी कल्पना करिए कि यदि आप किसी बच्चे के माँ और बाप होते तो क्या आप अपने बेटे से यह चाहते कि हार गया तो मर जाए। नहीं न ? फिर आपने कैसे यह क़दम की सोची ।

अब मैं अपनी ही बात करूँ तो मुझे भी लगता है कि मैं

जो कर रहा हूँ उसका उतना आउटपुट नहीं मिल रहा तो क्या अब मैं भी सुसाइड कर लूँ ? हद है।

एक पंक्ति याद रखिएगा-

मुश्किलें बस वहाँ नहीं हैं,
जहाँ कुछ नहीं है।

मेरे भाई, सबके जीवन में उथल-पुथल है। बहुत हैं दुनिया में, जिनको वो नहीं मिल सका जिसके वो योग्य हैं पर क्या ऐसे में सबने जीवन त्याग दिया। नहीं न.. क्योंकि वो जानते हैं कि ये सब जीवन का हिस्सा है। जो चाहा और नहीं मिला तो जो मिलेगा वो चाह लेंगे लेकिन जीवन से बड़ा कुछ नहीं। यही ढंग आप भी अपनाइए।

मोटी बात यह है कि

अपेक्षाएं अधिक न पालिए और यदि पालिए तो इस

समझ के साथ कि कभी कभी अथक प्रयास भी हमारी अपेक्षाएं पूरी नहीं कर पाते। इस दुनिया में सबकुछ अपने हाथ में नहीं होता।

किसी हार या अभाव को इतना भाव कभी मत देना कि वो तुम्हारे जीवन के सर पर नाचे। जीत हार अपने वश में नहीं है लेकिन योद्धा होना हमेशा अपने वश में है। इसलिए योद्धा बनिए, योद्धा रहिए।

तुमने कभी सोचा ? कि
तुम पगडंडियों मे क्यों हो..
क्यों ऊबड़- खाबड़,
टूटी हुई,
संकरी गलियों में हो..
.. क्योंकि ईश्वर तुम्हें,
चिकने रास्ते नहीं देना चाहता..
वो चाहता है, कितुम
ऊबड़ खाबड़ रास्ते चिकने करो..
और वो ऐसा इसलिए
चाहता है क्योंकि
तुम उसके लिए कोई
आम पब्लिक नहीं हो..
बल्कि तुम उसके भेजे हुए
इंजीनियर हो..
जो बदलने के लिए है
दुनिया की पगडंडियों को,
चिकने रास्तों में।

संदीप द्विवेदी

क्या आपके पास ये 'PHONE' है ?

जीवन में कुछ हासिल कर लेना एक अलग बात है और जीवन जीने की कला आना एक अलग बात है।

आप कहीं पहुंचे ये चर्चा का विषय है आप कैसे पहुंचे ये सीखने समय का विषय है।

कोई जीवन की सारी चुनौतियों का सामना करते हुए इस तरह जीता है कि उसे देखकर लगता है कि इस परिस्थति में

यह कैसे हो सकता है लेकिन छोटे भाई, होता है.. कुछ गुण जो यदि आपके पास हैं तो आपको भी जीवन का हर उतार चढ़ाव आसान लगेगा।

उन गुणों को मैंने इस 'PHONE' शब्द में समाने की कोशिश की है ताकि आप इन्हें आसानी से याद भी रख सकें।

PHONE का हर लेटर एक गुण बताता है जो हममे होना चाहिए। चलिए, देखते हैं

पहला – **P यानि Patience (धैर्य)**

आज हमारे भीतर धैर्य नहीं है। हमे सबकुछ तुरंत चाहिए जबकि ऐसा हमेशा नहीं होता। सबका एक समय होता है। एक दोहा याद रखिएगा

धीरे धीरे रे मना, धीरे सबकुछ होय।
माली सींचे सौ घड़ा, ऋतु आए फल होय ।।

यानि सब धीरे धीरे ही होता है इसलिए हमें परेशान नहीं होना चाहिए।

कितना बढ़िया उदाहरण दिया गया है कि पौधे को हम कितना ही सींचें लेकिन वो अपने निश्चित समय बाद ही फल देगा। इसलिए धैर्य रखना सीखिए।

सबकुछ चुटकी में पाने की जल्दी हमारे अंदर बेचैनी लाती है जिससे हमारा स्वास्थ्य बिगड़ता है।आप समझिए कि सबकुछ चुटकी में नहीं मिलता। आपका प्रयास समय पर रंग लाएगा।

बड़े लक्ष्य अक्सर समय चाहते हैं।

विचार करिए खाने में चावल की तरह दाल भी एक सीटी में क्यों नहीं बनती।

दूसरा – H यानि **Honesty** (ईमानदारी)

हमारे जीवन का यह महत्त्वपूर्ण गुण है। अपने से हो या किसी और से.. यदि ईमानदारी नहीं है तो ये हमारे लिए ही मुश्किल है। भरोसे का एक मात्र आधार ईमानदारी ही है। काम में ईमानदारी नहीं हुई तो वो काम ठीक से नहीं होगा। ईमानदारी से आपने पढ़ाई नहीं की तो परिणाम अच्छा नहीं मिलेगा। कई बार हम ईमानदार होने का ढोंग करते हैं लेकिन हमारा मन सच जानता है। विशेष बात यह है कि जब कोई न देखे तब भी हम ईमानदार रहें।

कभी किसी के गिरे हुए पैसे आपको मिलें और आप जान जाएं कि वो किसका है फिर आप उसको वापस करके देखिएगा। आपको वो खुशी मिलेगी जो, वो पैसे रख लेने में कभी नहीं मिलेगी। ये है ईमानदारी का जादू।

तीसरा – O यानि **Opportunity** (अवसर)

मैं अवसर को हमेशा भगवान कहता हूँ क्योंकि भगवान हमारी मदद के लिए हैं और अवसर भी हमारी मदद के लिए होता है।

किसी भी अवसर को छोटा मत आँकिए। कई बार एक छोटा सा अवसर आपके जीवन की सबसे बड़ी उपलब्धि का कारण बनता है। यदि अवसर मिला है और आप कर सकते हैं तो करिए। वो अपने में बहुत बड़ा अवसर समेटे हो सकता है जिसकी आपने कभी कल्पना नहीं की होगी। छोटा बड़ा जो भी मिले.. न मत कहिएगा। कोई अवसर इसलिए मत छोड़िएगा कि वो शायद आपको कुछ नहीं देगा। *इतना याद रखिएगा कि कोई भी अवसर खाली हाथ नहीं आता।*

वह हर बार हमारे लिए कोई पदक भले न रखे लेकिन हर बार सीखने का असीम खजाना रखता है।

चौथा – N यानि No Addiction (कोई बुरी लत नहीं)

जैसा कि मैंने पहले भी चर्चा की है कि आज हम कई तरह के नशे की गिरफ्त में हैं। हमें हमेशा इनसे बचना चाहिए और इनसे बचे रहेंगे तो आपका मन और तन स्वस्थ रहेगा और परिवार सब सुखी रहेंगे। नशा हमें कही का नहीं छोड़ता। इसलिए किसी भी तरह के नशे से स्वयं को दूर रखें।

पाँचवा – E यानि Enjoy every moment (हर क्षण आनंदमय)

जीवन में हमेशा आप चुनौतियों से दो चार होते रहेंगे। कभी हारेंगे, कभी जीतेंगे और यह कभी भी आपके जीवन का आनंद नहीं छीनने चाहिए। *हर काम के अंत में खुशी ही आपके जीवन की पूंजी और लक्ष्य होना चाहिए।* ज़रूरत से अधिक पाने और कमाने के पागलपन में हम कई बार ये पूंजी गंवा

बैठते हैं। हर पल को आनंद से जीना चाहिए, हम आप यहाँ अमर होकर नहीं आए हैं और कोई नाराज़ है तो उसे मना लीजिए। अगर आपकी किसी से नाराज़गी है तो माफ़ कर दीजिए। हर बुरे पल में कुछ न कुछ अच्छा छिपा होता है। वैसे भी इसके बिना जीवन क्या होता है। *रापि्टंग में बोट टकराए न, पानी न उछले तो मज़ा क्या।* सही कह रहा हूँ न..

मोटी बात यह है कि

इन पाँचों गुणों को अपनी दिनचर्या में इस तरह इस तरह शामिल करें कि यह आपकी आदत बन जाए। याद रखिए, आपके हाथ का फोन कभी भी हैंग और खराब हो जाएगा लेकिन आपका यह 'PHONE' कभी भी हैंग और खराब नहीं होगा।

लिखने के लिए
नहीं चाहिए होता
मात्र कागज़ और पेन
बल्कि चाहिए होता है
शब्दों, कल्पनाओं का
विशाल समुद्र और
विचारों का अनवरत मंथन।

संदीप द्विवेदी

आपके आदर्श और आप

छोटे भाई, आपको कभी किसी को देखकर ऐसा लगा है कि मुझे तो बस इनके जैसा होना है, मुझे तो ऐसा कई बार लगा है।

मैं आपको बताऊँ बचपन में मुझे एक टीचर बहुत अच्छे लगते थे। मुझे उनकी क्लास में बहुत आनंद आता था और सारे बच्चे उनकी बात सुनते थे, वो भी डर से नहीं बल्कि पूरे दिल से। वो कोई भी बात बहुत अच्छे से समझाते थे। वो मेरे आदर्श बन

गए थे। मैं उनके जैसा ही बनना चाहता था और आज मुझे कभी कभी लगता है कि किसी को कुछ समझाते हुए मेरा ढंग कुछ कुछ उनके जैसा ही हो जाता है जबकि मैंने जानबूझकर कभी

ऐसा करने का प्रयास नहीं किया। आपके साथ भी निश्चित ही ऐसा हुआ होगा।

यहाँ से मुझे एक बात समझ आई कि जिसको भी हम अपना आदर्श मानते हैं उसकी आदतें, उसका ढंग हमारे भीतर उतरने ही लगता है और जब ऐसा है तो यह बेहद ज़रूरी है कि हम अपना आदर्श सोच विचार कर चुनें जिससे हमारा जीवन सार्थक दिशा की ओर बढ़े।

आज के सोशल मीडिया के दौर में इंफ्लुएंसर्स की भरमार है। मैं नहीं कहता कि यह बुरे हैं आखिर मैं भी तो यही कर रहा हूँ, सभी को अपने विचार साझा करने का अधिकार है लेकिन मेरा कहने का मतलब है कि हम उनमें से उन्हें चुनें, सुनें और जीवन का आदर्श मानें जिनके मैसेज, विचार हमें, आपको और समाज को बेहतरी के लिए प्रेरित करते हों।

किसी के सोशल मीडिया पर फालोअर और सब्सक्राइबर के बढ़े हुए आँकड़े मात्र हमारे आदर्श, हमारे जीवन के पथप्रदर्शक बनने का आधार नहीं होना चाहिए। बहुत से ऐसे लोग भी हैं जो सोशल मीडिया में किसी चमक धमक के साथ

नहीं हैं लेकिन उनके पास आपको देने के लिए बहुत कुछ है जो आपके जीवन को वाकई शानदार बना सकता है।

कहते हैं महात्मा गांधी जी ने बचपन में राजा हरिश्चंद्र के सत्यव्रत पालन पर आधारित नाटक देख लिया था और उन्होंने उससे मिली प्रेरणा को जीवन में उतारने का प्रयास किया।

तो चुनाव आपका है कि आप स्वयं को कैसा बनाना चाहते हैं। जैसा बनना चाहते हों, वैसा ही आदर्श चुनिये। अगर आप सरल रास्तों में, क्षणिक सफलताओं में और झूठे दिखावों में खुश हैं तो मैं क्या ही कहूँगा.. बाकी होना तो यह चाहिए कि आप अपने जीवन को ऐसे आदर्शों के बीच रखें जिन्होंने दुनिया को कुछ बेहतर दिया हो या दे रहे हों। वैसा ही बनने का प्रयास कीजिए। आप भी कुछ ऐसा करिए जिससे आप भी उनकी तरह आपके साथ की पीढ़ी और आने वाली पीढ़ियों के लिए एक प्रेरक आदर्श बन सकें, इसी में अमरता है।

मोटी बात यह है कि

हर महान व्यक्ति का कोई न कोई महान आदर्श रहा है। आप बखूबी समझते हैं कि आपके लिए, समाज के लिए और

आपके भविष्य के लिए क्या अच्छा है और क्या बुरा है। किसी क्षणिक आकर्षण और चमक धमक से प्रभावित हुए बिना जीवन का आदर्श चुनिए।

सदैव चुनना उसे,
जो चुन सके
तुम्हारे लिए, एक
सुंदर भविष्य।
नहीं चुनना उसे
जिसके पास हो
तुम्हारे लिए, सिर्फ़
आकर्षक वर्तमान।

———————————

संदीप द्विवेदी

थोड़ा घुमक्कड़ बनें

बचपन में मेरी मम्मी ने जिसे पानी बताया था, कहाँ पता था कि कुछ किताबें उसे $H2O$ भी कहती हैं।

छोटे भाई, हमारे सोच विचार का दायरा उतना ही बड़ा होता है जितना हमने देखा ,सुना और पढ़ा होता है। वही हमारे लिए सत्य होता है लेकिन जो हमारे लिए सत्य है ज़रूरी नहीं है कि वो किसी और के लिए भी हो क्योंकि उसने जो देखा सुना और पढ़ा है, उस हिसाब में आपका सत्य, असत्य भी हो सकता है।

छोटा बच्चा जिस आग के सुनहरे रंग को देखकर उसको पकड़ने के लिए दौड़ता है तो आप उसे रोकते हैं क्योंकि आप

आग के जला देने का गुण जानते हैं लेकिन बच्चा उसी की ओर बार बार दौड़ता है क्योंकि वो यह नहीं जानता। फिर वही छोटा बच्चा जब धीरे धीरे आग से परिचित हो जाता है तो उसकी आग को कोई खेलने की चीज मानने की धारणा बदल जाती है।

छोटे भाई, कहना ये है कि थोड़ा घुमक्कड़ बनिए। दुनिया देखिए, लोगों से मिलिए, इससे आप अहसास कर पाएंगे कि जिसे आप जो मानते थे वो वैसा नहीं था। वो कुछ और था। आपका एक अलग नज़रिया विकसित होगा। आज भी हमारी कितनी ही चीजों के लिए धारणाएं बच्चे जैसी ही हैं और ऐसा इसलिए होता है कि हम अपने को

सीमित कर लेते हैं। वहीं तक अपनी दुनिया मान लेते हैं। उसी को बड़ा या छोटा मान लेते हैं जबकि यह दोनों ही बातें ग़लत हो सकती हैं।

बारिश के कारण खेत की किसी मेड़ का टूट जाना आपके लिए सबसे नुकसान देह घटना हो सकती है अगर आपने किसी पुल का टूटना नहीं देखा है।

छोटे भाई, जब मैं पहली बार गाँव से शहर आया था तो अलग सोच थी पर अब अलग है।

हम जितना घूमते हैं, दुनिया देखते हैं, लोगों से मिलते हैं तो इसका हम पर बहुत प्रभाव पड़ता है।

कभी अपने उस दोस्त से मिलिएगा जो बचपन से कॉलेज तक आपके साथ पढ़ा हो या आप दोनों एक ही मोहल्ले से हों और अब वो कहीं बाहर रहता हो, आप उसके व्यवहार और विचार में साफ अंतर देख पाएंगे। क्या पता पहले वो मक्खीचूस दोस्त रहा हो और अब दरिया दिल हो गया हो.. ह ह ह।

तो बस यही कहना चाहता हूँ कि कुएं का मेंढक बनने से खुद को बचाएं। जब भी मौका मिले घूमिए, मौका नहीं मिलता तो मौका बनाइये। देखिए कि यकीन मानिए, आप स्वयं को नया होता पाएंगे।

मोटी बात यह है कि

मेरी दादी को सपने में कभी शहर नहीं दिखता। उनको बस, गाँव दिखता है क्योंकि उनका जीवन गाँव में ही बीता है।

छोटे भाई, आप मेरी दादी जैसा न बनें, आपकी एक लंबी पारी बची है। अपने को असीमित करें। थोड़ा घुमक्कड़ बनें। खूब सारी अलग अलग जगहें घूमें, अलग अलग लोगों से मिलें, किसी वैज्ञानिक से मिलें, किसी साधु से मिलें, किसी किसान से मिलें, किसी नौकरीपेशे वाले से मिलें, किसी कलाकार से मिलें, किसी नेता से मिलें, बस मिलते रहें.. मिलते रहें.. विश्वास करिए एक दिन इस यात्रा में आप आपके भीतर की अनंत क्षमताओं से मिल जाएंगे।।

क्या हो गया था
उस राजकुमार को..
जो आधी रात
छोड़ गया, सोता हुआ
अपना परिवार और
सारा वैभव..
क्या वो महल में
बुद्ध नहीं बन सकता था ?

संदीप द्विवेदी

कुछ प्रेशर झेलिए

मेरा अभी कुछ समय पहले विद्यार्थियों को संबोधित करने के लिए एक निजी कॉलेज के समारोह में जाना हुआ था। समारोह समाप्ति के बाद कॉलेज के चेयरमैन सर के साथ काफी समय तक बैठना हुआ। बातचीत के दौरान पता चला कि वो कॉलेज के साथ ही कई कंपनियों के भी मालिक हैं। इतनी जिम्मेदारियों के बाद भी वो बड़े आराम से बैठे हुए थे।

मैंने बातों बातों में उनसे पूछा – आप किस तरह इतने सारे अलग अलग काम संभालते हैं ?

उन्होंने हँसकर जो बात कही वो बड़ी बात थी।

उन्होंने कहा – संदीप जी, मैं जिस जगह से उठा हूँ। वहाँ हमेशा मेरा जीवन संघर्षों से भरा रहा है। छोटी बड़ी आर्थिक और मानसिक चुनौतियाँ आती ही रही और तंगी के माहौल में मैंने पढ़ाई की। कई बार परेशान हुआ लेकिन अपने धैर्य और साहस से उनका सामना करता गया। विपरीत परिस्थितियों ने जीवन के कई महत्वपूर्ण पाठ पढ़ाए। इससे हुआ ये कि अब कोई चुनौती बड़ी लगती ही नहीं। अतीत के संघर्षों ने मुझे ये अच्छे से समझा दिया और गहरे कहीं बैठा दिया कि सब ठीक हो जाता है तो बस मैं मौजूदा समय के अनुसार और थोड़े अनुभवों से फैसले लेता हूँ और आगे बढ़ता जाता हूँ । कभी जीत जाता हूँ तो कभी कुछ रह जाता है। मैंने इतना सब झेला है कि अब सब झेल लेता हूँ।

हम सबको भी ये सीखना चाहिए। किसी मुश्किल से बचने के बजाय यदि हमें कुछ बेहतर दिख रहा हो तो सामना करने से पीछे नहीं हटना चाहिए। जीवन में आने वाले छोटे छोटे प्रेशर (अड़चनें) हमें बड़ी मुश्किलों का सामना करने के लिए तैयार कर रहे होते है फिर आगे हम कितने ही विपरीत समय से घिरे हों, आसानी से पार कर लेते हैं। फिर असफलताएं आपको दुखी नहीं करेंगी क्योंकि आप ये सीख चुके होंगे कि ये काम ही है और ये चलता रहता है। *हम मैदान में हैं तो उठा पटक तो चलती ही रहनी है।* यह नज़रिया किसी भी

काम के लिए हमारी प्रतिक्रिया बदल देता है और हम उसी ऊर्जा से सफलता के लिए बार बार उठ खड़े हो पाते हैं।

आप याद करें कभी आपको जो काम कठिन लग रहा था और उसी काम को जब आप दोबारा करते हैं तो वही काम आपको बेहद आसान लगता है।

इसलिए अपने को छोटी छोटी चुनौतियों से बचाएं नहीं, थोड़ा प्रेशर झेलिए, यही आपको बड़ी बड़ी चुनौतियों का सामना करने के गुर सिखाएंगी।

आप ऐसा भी करने की आदत डालें कि जब भी कोई चुनौती आए तो उसे लिखें, फिर आपने उसे कैसे सॉल्व किया यह भी लिखते जाएं। इसे जब भी आप देखेंगे तो आपका आत्मविश्वास बढ़ेगा। आप अच्छा महसूस करेंगे और भावी चुनौतियों से लड़ने की हिम्मत बढ़ती जाएगी। कभी लिखा था-

जिस पट्टे ने खाई न हो,
मिट्टी किसी अखाड़े की,
वो बेचारा क्या जानेगा,
दांव कहाँ से आते हैं।
संघर्षों की तपती भट्टी से,
किरदार निखारे जाते हैं।।

मोटी बात यह है कि

छोटी छोटी समस्याएं धैर्य के साथ खुद ही सुलझाने का हम प्रयास करें, इससे घबराएं नहीं तो इससे हम अधिक मज़बूत

और साहसी बनते हैं।

मैंने देखा है,
घाटियों के पीछे
समतल मैदान..
समंदर के किनारे,
चमकती सुनहरी रेत..
बारिश के बाद
हरियाली बिखेरती मिट्टी..
इसलिए मैं देखता हूँ
मुश्किलों के पार, जीत।

———————

संदीप द्विवेदी

कुछ धारणाएं तोड़िए

छोटे भाई, हर बात जो बड़े प्रभावी ढंग से लिख दी जाए या कह दी जाए तो यह ज़रूरी नहीं कि वही एकमात्र सच हो। हम सबके बीच आज सोशल मीडिया के दौर में कुछ ऐसी धारणाएं फलने फूलने लगी हैं जो हमें अपनेपन से दूर कर रही हैं। ये धारणाएं हमारा और आने वाली पीढ़ियों का दृष्टिकोण बनती जा रही हैं, जो कि अच्छा नहीं है। **दुनिया में खराबी हो सकती है लेकिन पूरी दुनिया खराब नहीं हो सकती।**

यहाँ पर मैं दो धारणाएं, जो अपनों के बीच दूरियाँ बढ़ा रही हैं, रख रहा हूँ। मैं इन्हे गलत नहीं कह रहा लेकिन मात्र यही सही है ये बात सरासर गलत है।

रिश्तेदार बुरे होते हैं -

इस तरह की धारणाएं हमारे रिश्तों में दूरी और दरारें बना रही हैं क्योंकि *इन धारणाओं से हमारे विचार और व्यवहार भी उसी तरह हो जाते हैं।* यह हम सबको समझना बेहद ज़रूरी है वरना हम किसी के और कहीं के नहीं रहेंगे।

अरे, दो चार अनुभव बुरे हो सकते हैं, सब तो ऐसे नहीं हो सकते और अगर सब ऐसे लग रहे हैं तो कहीं न कहीं हमें खुद को भी देखने की जरूरत है। यह खुद से भी पूछने की ज़रूरत है कि क्या हम किसी के अच्छे रिश्तेदार हैं ?

मामा मामी, चाचा चाची, फूफा बुआ, भाई भाभी, मौसा मौसी, भतीजे, भांजे, अरे भाई इन्हीं सबसे तो अपना घर बनता है, उत्सव बनता है। थोड़ी खटपट, थोड़े मनमुटाव तो चलते रहते हैं। आप तो बस इनमें आनंद खोजिए। *ये याद रखिए, सब रिश्तेदार बुरे नहीं होते हैं लेकिन यदि इसी तरह के वाक्यों को आप अपना महावाक्य मानते हैं तो आपको हर रिश्तेदार बुरे ही दिखेंगे।* इस धारणा को बदलिए।

वक़्त पड़े कोई साथ नहीं देता -

ये आपने खूब कहते सुना होगा या आप भी कहते होंगे, मैं भी इस लिस्ट में जोड़ा जा सकता हूँ लेकिन मुझे बहुत समय पहले यह एहसास हो गया कि ये कितनी ग़लत लाइन है। जब

सोचने लगा तो पता चला कि कितनी ही मुश्किलें अपने परिचित, अपने दोस्तों की वजह से मुझ तक आयी ही नहीं। आप भी सोचकर देखिए। आपको अनेक किस्से याद आएंगे कि अगर यहाँ आपका दोस्त न होता तो ये कितना बुरा हो सकता था।

मैं मानता हूँ कहीं बुरा अनुभव हो सकता है लेकिन इसका मतलब यह तो नहीं कि आप अच्छे अनुभव भुला दें।

मानिए कि आपने कहा कि मेरे पड़ोसी या रिश्तेदार आपकी तरक्की से जलते हैं या कुछ भी। अब यहीं पर कोई ऐसा है कि जिसके पड़ोसी अच्छे हों, वहाँ आपकी इस बात से उसके अपने पड़ोसी के प्रति उसके भाव बदलेंगे। इससे कहीं न कहीं उसकी प्रतिक्रिया बदलेगी।

छोटे भाई, **कोशिश करना कि बुरे अनुभव के पर्चे जेब में रहें और अच्छे अनुभव के पर्चे हाथ में।**

मुश्किल तो है पर इतना भी नहीं कि किया न जा सके। हम सबने जितनी बार भी अपने चुनौती भरे समय में पुकारा होगा.. भले कोई एक लेकिन ज़रूर रुका होगा।

इस मानसिकता को दूर करिए और ऐसा कहिए कि लोग वक्त पड़े जिसमे जितनी क्षमता होती है, उतना साथ देते हैं और देते रहेंगे। यकीन मानिए ऐसा नहीं भी होगा तो भी होने लगेगा।

मोटी बात यह है कि

दुनिया हर तरह के लोगों से भरी पड़ी है लेकिन हम अगर पानी लेकर खड़े हैं तो अधिक संभावना है प्यासा ही आएगा और फूल लेकर खड़े हैं तो अधिक संभावना है कि कोई खुशबू पसंद ही आएगा।

सच कहूँ तो मेरे भी ऐसे कई अनुभव रहे हैं कि ऊपर की बातें मानने का मन न करे लेकिन हमें यह समझना होगा कि जिसकी हम ज्यादा चर्चा करेंगे वही फैलेगा और फिर हम सबको को अंत में अच्छा ही चाहिए न.. तो क्यों न इसी की ओर खड़े रहें। बुरे अनुभवों से सीखें और भूल जाएं, अच्छे अनुभवों के साथ रहें, उसे याद रखें और चर्चा में अधिक रखें।

उस बादल के आगे,
कौन नहीं झुकता होगा..
जिसने सूखे, प्यासे पत्तों को
हरा भरा कर दिया..
सूरज की इठलाती किरणें
किसको नहीं भाती होंगी,
जिसकी अंधेरी दुनिया को,
रौशन कर दिया।
सदैव चहेते रहे हैं
दुनिया के लिए,
दुनिया सँवारने वाले,

संदीप द्विवेदी

क्योंकि सीमा से परे सोचा गया

दुनिया कहती थी कि पहाड़ तोड़े नहीं जा सकते पर एक दिन दुनिया ने यह भी देखा कि किसी ने छैनी हथौड़े से पहाड़ के बीच से रास्ता बना दिया। दुनिया के लिए पर्वत की ऊँचाई छूना एक असंभव कहानी थी पर एक दिन दुनिया ने कितने ही पाँव गगनचुम्बी पर्वत के शिखरों को छूते हुए देखे। इंसान कभी उड़ने का आनंद नहीं ले सकते, यह बात भी एक दिन झूठ साबित कर दी गयी।

दुनिया के यह सारे दावे कैसे झूठ होते गये, किसने इस दुनिया के स्थिर जल में किसी ने पत्थर फेंका और अस्थिर

कर दिया? उसी ने, जिसने सीमाओं से परे सोचा। जिसने अपनी क्षमताओं के असीमित होने पर विश्वास किया। जिसने माना कि जो सोचा जा सकता है वो किया भी जा सकता है।

छोटे भाई, हमारे प्रयास हमारे नज़रिए के अनुसार ही हमारे लिए परिणाम की मूर्तियाँ गढ़ते हैं. जो सोचा नहीं गया वो किया भी नहीं गया। हमारे प्रयास कुछ असंभव कर पायें, इसके लिए सबसे पहले हमारे नज़रिए को उस असंभव की सीमा लांघनी होगी।

एक बाज के बच्चे वाला किस्सा याद है ? जो अचानक से मुर्गे के अण्डों के बीच गिर जाता है और फिर उसमें आसमान नापने की क्षमता के  बावजूद वो मुर्गे की तरह रेंगते हुए पूरा जीवन बिता देता है। वो स्वयं को जीवन भर मुर्गों के परिवार का ही मानता रह जाता है और इसलिए उसने कभी पंखों पर अधिक ज़ोर देने का प्रयास भी नहीं करता। सतर्क रहो और अपने जीवन को उस बाज की तरह होने से बचा लो।

मोटी बात यह है कि

आपके भीतर क्षमताओं पर लगी अपनी सीमाओं से परे जाओ। सोचो और पूरे विश्वास के साथ उस पर चढ़ाई कर दो, जिस पर दुनिया ने असंभव का टैग लटकाया है। तुम मत मानो बिना प्रयास किये। तुम देखोगे, दुनिया को एक बार फिर झूठा साबित होता हुआ।

जो नहीं हुआ कभी,
वो हो सकता है..
बस यही यकीन
हमें खड़ा कर देता है,
सीमाओं से परे।

———————————

संदीप द्विवेदी

इनसे अपना समय बचा लो

बी आर चोपड़ा जी द्वारा निर्मित महाभारत में एक दृश्य है। जिसमे शिखंडी, वसुदेव श्रीकृष्ण से मिलने कुछ अनमने भाव से जाते हैं और कहते हैं कि "वसुदेव! मैं आपका अधिक समय नहीं लूँगा.."

इस पर अपनी मोहिनी हँसी के साथ वसुदेव कहते हैं कि "अधिक समय तो किसी के पास होता भी नहीं राजकुमार ! तो कोई देगा भी कहाँ से, यहाँ समय का कोई धनी नहीं होता.."

यह दृश्य और कथन समय की कीमत को कितने सुन्दर ढंग से रखता है लेकिन हम और आप हैं कि समय को मिट्टी के भाव तौलते हैं। उसे यूँ ही बेकार के कामों में बर्बाद करते रहते हैं। हम भूल जाते हैं कि समय अपने साथ हमारे सीमित जीवन का हिस्सा भी लेता जा रहा है। जीवन में हमें अगर कुछ बड़ा करना है तो समय को साधना होगा वरना पछतावे के सिवा कुछ नहीं बचेगा। तो छोटे भाई, इसे बर्बाद होने से बचाने के लिए तीन काम आज और अभी से आपको छोड़ने के लिए कहूँगा यदि आप अपना समय इन तीन कामों में बर्बाद कर रहे हों तो। वो तीन काम इन दो पंक्तियों में हैं। इसे याद कर लीजिये:

तू बन अलग, मत याद कर
न बेवजह परवाह कर।

'तू बन अलग' यानि अपना समय किसी से अपनी तुलना करने में मत गंवाइये । जो आपके पास है उसे निखारने में लगाइए।

दूसरा, 'मत याद कर' यानि पुरानी बातें याद कर पछताने में अपना समय बर्बाद मत करिए, इससे आपका मात्र वर्तमान बेकार होगा। कुछ हासिल नहीं होगा।

तीसरा, 'न बेवजह परवाह कर' यानि हर किसी को खुश रखने

में हम बहुत सारा समय बर्बाद करते हैं जबकि हम हर किसी को खुश नहीं रख सकते। अच्छा उद्देश्य है तो बिना परवाह किये बढिए। आप सबको एक साथ कभी अच्छे नहीं लगेंगे। काबिलियत होगी तो सब सुनेंगे।

अगर यह तीन बातें, इन दो पंक्तियों से याद रही तो पूरा विश्वास है आप बहुत सारा समय बचा कर उसे अपने जीवन में ऊंचे लक्ष्यों को पाने में लगायेंगे।

बस यही कहना था, खुश रहें।

जिन नदियों ने,
नहीं चुना ठहर जाना,
जो बहती रहीं
बिना भटकन के
उनकी लहरों और
उछालों ने, उनको
समंदर बना दिया..

संदीप द्विवेदी

कुछ अनसुना भी करिए

आपने कभी आटे में से चोकर निकालने वाली चलनी देखी है ? अगर आपका जवाब 'हाँ' है तो आज आप जो समझेंगे वो जीवन भर आपके काम आयेगा।

छोटे भाई , सुनना और न सुनना हमारे वश में नहीं हैं क्योंकि हमारे कान जितनी दूरी तक सुन सकते हैं वो सुनेंगे ही। लेकिन जो हम सुनते हैं उस पर यदि हम आटे वाली चलनी की तरह, हर सुनी हुई बातों पर प्रतिक्रिया देने से पहले अपनी

बुद्धि का उपयोग करें तो उससे आटे से जैसे चोकर अलग हो जाती है, वैसे ही हम भी बुद्धि के उपयोग से बहुत सी फ़िज़ूल की बातों प्रतिक्रिया देने से बचे रहेंगे और अपने लक्ष्य की ओर बिना भटके बढ़ते रहेंगे।

ऐसे भी समझिए कि पुलिस वालों के हाथ में जो वाकी-टाकी होता है, उसमें चारों तरफ से आ रही बातों पर वो तब तक प्रतिक्रिया नहीं देते जब तक उनसे जुडी कोई बात न हो। सच कहा न?

इसी तरह आप भी चारों ओर से आ रही तरह-तरह की बातों को अनसुना करिये। हाँ, कई बार कुछ बुरा सुनकर या कोई बात ऐसी होती है कि रहा नहीं जाता लेकिन यही तो धैर्य है और आपकी बुद्धि का कौशल है कि आप दूर तक अपना भला बुरा सोचकर प्रतिक्रिया दें।

यकीन मानिये, जीवन की आधी मुसीबत चाहे वो पारिवारिक हो, चाहे व्यावसायिक हो या सामाजिक हो, सब बिना सोचे समझे हर बात पर अपनी राय रखने से है। कुछ अनचाहा सुनकर भी अनसुना करने की आदत डालिए। कहाँ तक, कब तक किसी से भिड़ते रहेंगे।

यह सब तो चलता ही रहेगा। आप लक्ष्य से भटकेंगे और बेकार की बातों में अपनी प्रतिक्रिया देने में समय बरबाद करेंगे। मुझे नहीं लगता आपको इससे कुछ हासिल नहीं होगा।

मोटी बात यह है कि

जीवन में सुखी रहने के लिए कुछ सुनकर बिना प्रतिक्रिया के
भी रह जाने दिया करिये। हर बात पर आपकी प्रतिक्रिया
ज़रूरी नहीं होती और न ही आपका कुछ बिगड़ रहा होता है।

कल खूब कोसा,
सूरज को उसकी
तेज धूप के लिए
बड़ा ढीठ है,
आज फिर आ गया।

संदीप द्विवेदी

जब आप धैर्य नहीं खोते

सफलता कभी भी आपके घर पर लगा कोई बल्ब नहीं है कि आपने बटन दबाया और सफलता मिल गयी। हर लक्ष्य के लिए एक निश्चित परीक्षा है, हर परीक्षा मेहनत मांगती है, मेहनत से परिणाम मिलता है और परिणाम में हमारी हार या जीत होती है।

इस पूरी प्रक्रिया में आपको धैर्य भले न दिख रहा हो लेकिन परीक्षा से परिणाम तक आपको मेहनत के साथ धैर्य रखना होता है। मेहनत के बाद भी कई बार जब सफलता नहीं मिलती तो हमारा धैर्य ही हमें लक्ष्य के लिए खड़ा रखता है।

हमारे हिस्से जब हार आती है तो वही हमें संभालता है और सफलता के लिए हमें फिर से उसी लगन के साथ मेहनत के लिए प्रेरित करता है।

हमारे भीतर कई असफलताओं के बावजूद यह कहीं गहरे हमारे भीतर हमारी मेहनत के प्रति यह विश्वास भरता है कि हम पक्का सफल होंगे। हमारी मेहनत निश्चित ही एक दिन रंग लाएगी। यही प्रेरणा हमें लक्ष्य से हार नहीं मानने देती और एक दिन हमारी

मेहनत रंग लाती है। हम अपने को सफलता के साथ पाते हैं। जिसका सारा श्रेय हमारे भीतर के धैर्य को जाता है। जिसने हमारे प्रयासों और हमारे साहस को लक्ष्य की ओर मोड़े रखा। इसलिए यह ध्यान रखिए कि सफलता आपकी तब होती है जब आप धैर्य नहीं खोते। ऊंचे लक्ष्यों को पाने में धैर्य तो रखना पड़ता है। वो इतनी आसानी से कहां हासिल होते हैं और आसान हो गए तो ऊंचे कहां।

मोटी बात यह है कि

लक्ष्य के लिए अंतहीन संघर्ष का समय धैर्य ही काट सकता है। धैर्य संभाले रखिये यह आपको हर मुश्किल में संभाल लेगा।

नयी सुबह की प्रथम शाम है,
मन तेरा घबराएगा।
चिंता तुझे सताएगी,
साहस भी हाथ छुड़ाएगा
यही समय है धीरज धरना,
सूरज आने वाला है।
रात के घेरे छंटने हैं,
उजियारा छाने वाला है।।

संदीप द्विवेदी

कहीं देर न हो जाए

छोटे भाई, आपको एक बात बताऊँ, कुछ समय पहले मुझे मेरी मम्मी की किताब में से एक फोटो मिली। मैं शायद नौवीं कक्षा में था तब खिंची थी। जिसमे मैं अपने मम्मी-पापा के साथ में था, मैं बिना दाढ़ी मूँछ के, मेरे मम्मी-पापा मेरे कंधे पर हाथ रखे बेहद खुश, अच्छे और स्वस्थ लग रहे थे।

फिर आगे पढ़ने-लिखने, नौकरी, बिजनेस, दोस्ती-यारी में इतना व्यस्त हुआ कि समय कब बीत गया पता ही नहीं चला।

पिता जी paralysed हो गए, मेरी दादी जो मुझे घुमाया करती थी.. वो अब बहुत बूढ़ी हो गयी थी। वो नौवीं कक्षा की फोटो वाले मम्मी-पापा पूरी तरह बदल गए।

मैं कभी अपने मम्मी पापा को समय नहीं दे पाया और जब कभी समय मिला तो गाँव चला गया। कभी कभार फुर्सत मिली तो फोन पर बात कर ली। मेरे मम्मी-पापा स्मार्ट मोबाईल से भलीभाँति परिचित नहीं हैं, इसलिए वो मुझे तभी देख पाते हैं जब मैं घर जाता हूँ।

जब मैं गाँव जाता हूँ तो मम्मी मुझसे हर बार कहती रहती है कि उन्हें मेरी कोई फोटो दे दूँ देखने के लिए लेकिन मैं हमेशा हाँ हाँ कहकर टाल देता था लेकिन एक दिन जो हुआ, मैं इसके लिए भगवान का शुक्रिया अदा करता हूँ और ये होना भी चाहिए था। जब मैं स्वयं पिता बना और कुछ समय बाद मेरा बेटा अपने मामा के यहाँ चला गया, तब मुझे उसकी बेहद याद आने लगी। किसी वजह से उसे आने में समय लग रहा था। मैं रह नहीं पा रहा था।

इसी के बीच मुझे मेरी मम्मी पापा याद आ गए और मेरे भीतर से ही किसी ने जैसे कहा - अब सोचो, तुम्हारे मम्मी-पापा कैसे रहते होंगे। मैं कोने मे जाकर रो पड़ा।

मुझे एहसास हुआ.. मुझसे जाने अनजाने बहुत बड़ा अपराध हो गया था। मैंने अपने माँ बाप से उनका एक बेटा दूर कर रखा था। मुझे उनको समय देना चाहिए था और उनके साथ बैठना चाहिए था। मम्मी को फोटो का प्रिन्टआउट देना चाहिए था, दादी को बाहों में समेटकर चूमना चाहिए था लेकिन

कुछ नहीं कर पाया। मुझे कभी फ़र्क ही नहीं पड़ा। अपने में ही उलझा रहा। मैं सोच ही नहीं पाया कि मेरे जाने के बाद वो मेरे आने की आस में एक-
एक दिन गिनते होंगे और मैं गाँव जाने के लिए कोई फ्री टाइम ढूँढता हूँ।

जिन्होंने हमें इतना कुछ दिया.. पढ़ाया-लिखाया, दुलार किया, खयाल रखा और एक मैं, जो उनसे मैं बैठकर बात न कर सका।

मैं भावुक हो रहा हूँ... ये बस मैं आपको इसलिए बताना चाहता था कि आपको भी न पछताना पड़े और ये पढ़कर, अगर एक भी माँ- बाप अपने बेटे के साथ प्यार से रह पाए तो यह मेरे लिए बड़ी बात होगी।

मेरी सलाह है कि परिवार का समय काम की भागम भाग में गिरवी न रखिए, एक बेटे-बेटी की ज़िम्मेदारी निभाइए क्योंकि बहुत कुछ ऐसा होता है जो हमारे माँ-बाप हमसे नहीं कह पाते।

अगर साथ नहीं रह पा रहे तो कोई बात नहीं पर आज तकनीक के दौर में बहुत कुछ ऐसा है जिससे हम उनके बेटे को उनके पास होने का एहसास दिला सकते हैं।

दो काम आपकी दिनचर्या में और करिए –

1. अगर बाहर रहकर पढ़ाई कर रहे हैं या घर से बाहर हैं तो घर में बात करना हमेशा प्राथमिकता में रखिए और रोज़ कम से कम सुबह और शाम में कॉल पर बात करिए, उनको सुनिए, हँसी मज़ाक करिए। बच्चों की तरह उन्हें पूरे दिन का किस्सा बताइए, जैसा आप बचपन में बताते थे। अब भी आप उन्हें बच्चे ही अच्छे लगते हैं।

2. इतना दूर मत रहिए कि एक से दो महीने के भीतर मम्मी पापा से मिलने न जा सकें, घर जाते रहिए और उनसे उनका बेटा, उनका नाती मत छीनिए।

ये कैसे करेंगे.. यह आप जाने लेकिन ये करिए और ये आपके माँ बाप को,आपके परिवार को आपकी ओर से अनमोल तोहफ़ा होगा।

मोटी बात यह है कि

अपने परिवार को समय दीजिए, प्यार करिए और जताइए, उनको उपहार दीजिए। जीवन एक है और यह एक सेकंड भी पीछे जाने का मौका नहीं देगा। जिन खूबसूरत पलों से आप आज चूक जाएंगे, उन्हें फिर कभी नहीं पाएंगे।

हम सब एक दिन,
अपनी सारी ताकत
झोंकने के बाद,
बैठे रहेंगे.. बिल्कुल शांत,
बाढ़ के बाद
किसी नदी की तरह,
जीत की कुछ निशानियाँ
समेटे, करते रहेंगे
अनकहा विलाप।

संदीप द्विवेदी

कैसी लगी किताब आपको ,
आप में क्या बदलाव आया

आपके नाम के साथ आपकी प्रतिक्रिया लिखकर, इसकी फोटो

खींचिएगा और हमें भेजिएगा | अच्छा लगेगा | शुभकामनाएं

www.ingramcontent.com/pod-product-compliance
Lightning Source LLC
Chambersburg PA
CBHW031150130726
47988CB00006B/2614